我国信息技术课程发展研究

张晓卉　著

本书系辽宁省经济社会发展立项课题《信息技术大众化背景下信息技术教育发展研究》（课题编号：2015lslktzijyx-23）的研究成果

科　学　出　版　社
北　京

内 容 简 介

当大众化的信息技术成为当代学生的生活方式和思维方式时，我国信息技术课程发展备受关注。全书共八章，作者通过采取定量与定性结合的策略，综合运用历史研究法、调查研究法、民族志研究法、比较研究法、生活史研究法等，研究我国信息技术课程发展问题，在深入分析研究资料的基础上，对信息技术课程发展的一系列问题得出有价值的结论。本书从课程要素的层面探讨了我国信息技术课程发展的路向是“计算思维”为核心的信息技术课程改革，并在改革中优化课程目标，调整课程内容，更新课程理念。

本书既适用于信息技术教育研究者、中小学信息技术教师，也适用于高等院校信息技术相关专业的学生。

图书在版编目（CIP）数据

我国信息技术课程发展研究/张晓卉著. —北京：科学出版社，2018.6

ISBN 978-7-03-057055-0

Ⅰ. ①我… Ⅱ. ①张… Ⅲ. ①高等学校－信息技术－课程建设－研究－中国 Ⅳ. ①G202

中国版本图书馆 CIP 数据核字（2018）第 056857 号

责任编辑：胡云志　滕　云/责任校对：贾娜娜

责任印制：吴兆东/封面设计：华路天然工作室

科 学 出 版 社 出版

北京东黄城根北街 16 号

邮政编码：100717

http：//www.sciencep.com

北京建宏印刷有限公司印刷

科学出版社发行　各地新华书店经销

*

2018 年 6 月第　一　版　开本：720×1000　1/16

2018 年 6 月第一次印刷　印张：11 1/2

字数：240 000

定价：72.00 元

（如有印装质量问题，我社负责调换）

前　言

当前我国已迈入信息化社会，我们的学生已经生活在“程序设计的世界”里，信息技术课程在信息化社会人才培养中发挥着核心作用，未来的信息技术课程能够让学生成为什么样的“人”，就更值得我们深思。

国内外的研究表明，课程发展研究正在成为国际课程改革研究领域的一个重要内容。经过30余年的发展，我国的信息技术课程研究取得了一定的成绩，但是关于信息技术课程发展的系统性研究不足。因此，“信息技术课程发展”成为本书关注的基本问题。

从事物的复杂性和多样性的角度来看，如果只从一个视角观察事物，只能看到某一个方面，因此，如果能够转换观察视角，从多个角度去审视研究对象，就可以引出新发现，得出新结论。在研究维度上，笔者选择时间与空间两个维度。在时间维度上，将信息技术课程发展的过去、现在与未来作为研究的时间线，追寻时间留给信息技术课程的宝贵财富；在空间维度上，从宏观的社会、中观的知识和微观的“人”的视角出发观察信息技术课程的历史、现实，探索信息技术课程的未来。

对于具有一定历史、受多种因素影响的信息技术课程来说，仅从教育学领域来解释信息技术课程的问题或现象是不够的，必须借鉴其他学科的研究方法，拓宽研究视野，才能在纷繁复杂的事物表象中发现事物的本质和规律。在具体的研究方法上，本书将引入社会学的民族志研究法和个人生活史研究法，以质性的民族志法与调查研究法互补，通过民族志研究中充满细节的事件，以小见大，以“特别的个体和特别的事件”展示系统的力量，从而更深入地了解我国信息技术课程发展的现状。在对信息技术课程历史的研究中，将宏观历史与微观历史相结合，其中微观历史将通过呈现个人生活史，还原历史的本真。这种多元化的研究方法，使整个研究的过程生动活泼，贴近生活，研究的结论合理可靠。

发现问题只是研究信息技术课程的第一步。本书在新的研究视角与多元研究方法的基础上，构建了对信息技术课程发展问题的理论观点和体系，这也是实现理论突破和创新的关键点和着力点。第一，跳出“阶段式”历史研究的藩篱，从整体观察我国信息技术课程发展历史的特点。抽取历史过程中的事物和经历历史变革的人物，梳理信息技术课程发展历程，找到其发展历程中的特点。第二，在了解我国信息技术课程现状时，关注信息化社会的影响，倾听我国正在实施的信息技术课程中学生的诉求。日益发展的信息技术和信息化社会，拓展了学生的学习空间，增长了他们的见识，让学生对当下的信息技术课程有更多的期待和诉求。第三，通过课程诸要素的革新，探索信息技术课程发展的路向。“路向”是一个宏大的蓝图，如何把握它，成为本书的重点，也是难点。对于课程来说，最核心的部分就是课程目标、课程内容、课程理念等诸要素，掌握和规划好这些课程要素，信息技术课程的路向就会更加清晰，而保障信息技术课程持续稳定发展的一系列策略也就应运而生。

对我国信息技术课程发展的研究，是对现有的信息技术课程的一种超越，是从知识、社会与人才统一的视角，通过对信息技术课程发展现状的抽取、对信息技术课程发展历史的经验总结凝练而成。

张晓卉

2018年1月

目　录

第一章　信息技术课程发展概述

世界各国对信息社会人才的培养寄予厚望，对信息技术课程的改革尤为关注。我国已迈入信息化社会，信息技术课程在信息化社会人才培养中发挥着核心作用。当大众化的信息技术成为当代学生的生活方式和思维方式时，拥有一个相对稳定的课程内容和核心价值成了信息技术课程应有的追求。尤其是当学生生活在“程序设计的世界”[①]里时，信息技术课程可以让学生成为什么样的“人”，就更值得我们深思。因而人们不断地追问：信息技术课程发展的方向在何处？“信息技术课程发展”也就成了笔者关注的实际问题。

第一节　信息技术课程发展的研究背景

一、基础教育课程改革与发展的需求

（一）信息技术课程风雨30余年，积淀厚重历史

从1982年教育部决定在5所大学的附属中学（高中）进行中学计算机课程实验至今，信息技术课程已有30余年的历史，普通高中信息技术课程进入实验区开始至今也已有10余年。作为研究者，理应肩负课程改革推动者的责任和使命。“今天的课程不可能脱离过去的历史传统。现在的根，深扎在过去，而对于寻求理解现在之所以成为现在这样子的人来说，过去的每一事件都不是无关的。”[②]因此，回顾与反思我国信息技术课程发展历程，对我国信息技术课程的进一步发展具有重要的价值与意义。也只有这样，才能理解信息技术课程作为一种历史性和社会性存在的意义，而不是简单的文本性或技术性的存在。

（二）国内基础教育课程改革，争论始终存在

进入21世纪，我国实施了新一轮基础教育课程改革。但对于新课程改革，尤其是信息技术课程改革一直存在一些争论。通过对我国部分信息技术教师的初步访谈和文献检索发现，在信息技术课程领域改革与传统的争论一直是人们关注的

---

① 叶尔肖夫曾经预言，未来人们将生活在“程序设计的世界里”。

② 丹尼尔·坦纳，劳雷尔·坦纳. 2006. 学校课程史. 崔允漷，等，译. 北京：教育科学出版社：Ⅳ.

焦点，具体的问题有以下几个方面：信息技术课程如何保留在培养信息素养的同时又不失技术的本质？信息技术课程的核心内容是程序语言还是其他技术？信息技术课程是以独立课程形式存在还是融合在其他课程中？坦纳曾特别指出前人的努力与工作在课程改革与发展过程中的重要作用，以及过去、现在与未来之间的关联的重要性。[①]所以，我们需要对信息技术课程进行清晰的脉络梳理和理性的分析，通过认识与反思，解决基础教育课程改革过程中对信息技术课程的争论，为普通高中信息技术课程方案的调整提供策略支持，从而作为探讨当下很多课程问题的支架。

二、信息技术课程的现实需求

（一）信息技术课程各学段内容似曾相识

目前，我国普通高中信息技术课程执行的是2003年颁发的《普通高中技术课程标准（实验）》，而小学、初中阶段的信息技术课程还在按照2000年颁发的《中小学信息技术课程指导纲要（试行）》。虽然高中课程标准的制定考虑了非零起点的问题，但是两个课程文件是在不同的时间点上制定的，而且现实情况不管是高中、初中还是小学，各阶段的课程内容基本上还都是信息技术的理论知识、Windows 操作系统、Office 软件、多媒体软件应用等，小学、初中、高中的课程内容重复。高中阶段的信息技术课一讲到与初中相似的地方，学生就不耐烦，进而更不容易学扎实。课程设计时理想的螺旋式组织课程内容变成了实践中的机械重复。[②]这种内容上的重复在必修模块和选修模块中都有所体现。因此，课程设计与开发的系统化工作需要提上日程。

（二）课程实施过程中教“技术”、学“技术”现象普遍

《系辞》里有一句话是这样描述的，“形而上者谓之道，形而下者谓之器”。希望通过对“器”的观察总结，在头脑中抽象成“形”，在“形”的基础上得到“道”。研究显示，高中信息技术课程的目标要求学生在知识与技能，过程与方法，情感、态度与价值观这三方面有全面的发展，这三维目标的关系恰如“器”“形”“道”。但在课程实施的过程中，信息技术课程目标和课程内容在教师教学过程中被简单理解，从而导致教学的结果偏向于如何用软件和计算机，而不是形成学生未来生活基础的知识，对于学生在信息技术课中的收获与习得情况，学生的回答往往是与软件操作相关的内容，学生对信息技术课程的认知普遍是“一台计算机加一堆软件”，在学生的印象里，学习信息技术课程的方式也大都是“教师演示，

① 丹尼尔·坦纳, 劳雷尔·坦纳. 2006. 学校课程史. 崔允漷, 等, 译. 北京: 教育科学出版社: Ⅳ.

② 徐曼. 2009. 高中信息技术课程实施的问题与分析. 中小学电教, (6): 33-35.

学生练”。面对这种“技术性”内容，久而久之学生往往容易产生枯燥、乏味的感觉。信息技术课程也成了“微软培训班”，“本来喜欢玩电脑的孩子却非常厌恶计算机课程”。①因此，走出“形而下”的困惑，为信息技术课程找到属于自己的“道”，是课程研究者的紧迫任务。

三、国外信息技术课程前瞻性发展的启示

20 世纪 80 年代以来，世界各国都逐步确定了信息技术课程的课程地位，课程内容和形式也在发生着渐进的变化。其中典型的国家是英国，英国 1988 年《教育改革法》的一个主要措施是在学校设立“国家课程”（the National Curriculum），以立法的形式规定了学校的基本教学内容。在“国家课程”的 11 门核心和基础课程中有 1 门课程是为适应信息技术飞速发展而新开设的，那就是信息与通信技术（ICT）课程。然而 2012 年 1 月 11 日，英国教育部部长 Michael Gove 宣布英国国家 ICT 课程将于 2012 年 9 月不再执行，虽然课程名字还保留，但取而代之的是给学校和教师更大的自由和空间，来决定学校的 ICT 课程教什么和如何教，而且随着新技术的出现，以前常教的 Word 和 Excel 等软件也将被二维动画设计和智能手机应用程序编写所代替。英国政府已经意识到一些信息能力在 ICT 课程之外也可以获得，从而鼓励英国的 ICT 课程去追求严谨的计算机科学课程②，并希望英国下一代年轻人成为技术的创造者，而不是技术的使用者。③一石激起千层浪，英国 ICT 课程的巨大变化，让研究者对我国信息技术课程发展的走向产生了新的期待——在我国信息技术课程快速发展过程中，以研究者的视角观察并发现其中的奥妙。

第二节　信息技术课程发展研究综述

一、信息技术课程发展的界定

（一）课程

“课程”是一个含义极为广泛的概念，《中国大百科全书·教育卷》认为课程

---

① 王吉. 2011. 高中信息技术课程的现状、问题与对策. 现代教育技术, (1): 52-55.

② Gove M. 2012. Michael Gove speech at the BETT Show 2012. http: //www.education.gov.uk/inthenews/speeches/a00201868/michael-gove-speech-at-the-bett-show-2012[2012-01-11].

③ Royal Society. 2012. Shut down or restart? The way forward for computing in UK schools. http://royalsociety.org/uploadedFiles/Royal_Society_Content/education/policy/computing-in-schools/2012-01-12-Computing-in-Schools.pdf[2012-02-12].

有广义、狭义之分，广义的课程指的是学科的综合或活动的总和，而狭义的课程则指一门学问。施良方教授归纳了六种类型的课程定义，包括教学科目、有计划的教学活动、预期的学习结果、学习经验、社会文化的再生产、社会改造。[①]台湾学者黄政杰在分析国内外各种课程文献后发现，研究者对于课程下的定义基本上包括学科、经验、目标和计划四类，其中学科课程指的是课程是一个学科或一组学科的内容。到目前为止，学科课程仍然是中小学课程的主要呈现方式，而且相关的学科课程老师仍然是具有相关学科背景才可以从事这门学科的教学，学生的学习内容也是以不同学科课程的知识点构建起来的。虽然综合活动课程在此次新课程改革中被大力提倡，但是，必须看到，学科课程仍然是主要的课程组织形式。美国学者古德莱德(Goodlad)认为存在着五种层次的课程：理想的课程(ideological curriculum)、正式的课程(formal curriculum)、领悟的课程(perceived curriculum)、运作的课程(operational curriculum)、经验的课程(experiential curriculum)。[②]总地来说，从理想课程到经验课程的过程是课程由理想状态“流”向实践，最终转化为学生经验的过程。

每一种具有代表性的课程定义都有一定的指向性，都是产生于某一特定的历史时期，也具有一定的合理性。因此，研究者从自己研究的问题、视角和层面出发来约定课程的内涵。本书所分析的课程，从历史的角度来说属于上述的“正式的课程”，从现实的角度来说属于“运作的课程”，而从课程未来发展方向和重构的角度来说则属于“理想的课程”范畴。

信息技术课程也有广义与狭义之分，广义的信息技术课程指的是信息技术教学应用，与教育信息化相关，而狭义的信息技术课程指的是学校中实施的信息技术学科课程；在学段上，既包括基础教育阶段，也涵盖高等教育阶段；在时间上，有目前正在执行的信息技术课程，也包括历史上的计算机课程；在课程组织结构上，包括活动课、选修课、必修课；在课程形态上，既有列入学校教学计划的显性课程，也有存在于学校信息化环境中的隐性课程。

在本书中，信息技术课程即信息技术学科课程，在学段上指的是普通高中信息技术课程，在时间上，与历史上的计算机课程是通用的，在课程组织结构上，涵盖了选修课、必修课等形式。

（二）课程发展

发展一词含义非常丰富，《马克思主义哲学大辞典》认为发展指事物在规模、结构、程度、性质等方面发生由低级到高级，由旧质到新质的变化过程。

---

① 施良方. 1996. 课程理论——课程的基础、原理与问题. 北京：教育科学出版社：3-7.

② 施良方. 1996. 课程理论——课程的基础、原理与问题. 北京：教育科学出版社：9.

唯物辩证法从事物互相联系和互相作用中考察事物的发展和变化。依据唯物辩证法的发展观点，去探求事物发展的具体原因、发展的具体形式和途径，是我们认识世界、改造世界的根本任务。汤德拉（Todaro）认为发展是各要素统一发展的过程。①卢乃桂认为，发展是一种积累和修正。所以，发展是一个变化的概念，需要结合时代和环境的变化因素来回答，但也包容了一些最基本的价值。

欧用生认为，课程发展一词包含两种意义：一是英文的 the development of curriculum，是指课程演进的过程，即课程之纵的历史演变和发展；二是英文的 curriculum development，是指课程的编制与修订，表示横的课程结构的发展。课程发展不仅包括了教学目标的设定，教材、教学过程的计划，评价方法的设计等，而且是不断地检讨、评价和修正的连续过程。……亦即教学活动不仅将计划好的课程（如国家的课程标准）付诸实施，而且从实施的过程中评价课程的功能，由此发展课程。②钟启泉将课程发展界定为宏观和微观两个层面，宏观的课程发展指的是历史意义上的，即课程从古到今的过程，而微观的课程发展则是课程目标、内容、实施、评价等要素的不断完善的过程。

从学者的研究发现，课程发展都存在两种意义，即课程发展既包括纵向的课程历史发展，也包括横向的课程结构的革新。课程发展既蕴涵课程的历史，也包含课程发展的进程，涵盖着课程发展的未来，是一个可持续发展的过程。

路向指“道路延伸的方向”，发展路向一词在港澳用语中常见，原意为道路延伸的方向、前进的方向。信息技术课程发展的路向既关注“路”，也关注“向”，信息技术课程发展的历史是它走过的路，而它未来的发展趋势则是它的走向，用“路向”一词表达了信息技术课程历史、现实与未来的承接与惯性。

（三）课程相关的概念

1. 课程开发

我国学者钟启泉、吴文侃均认为课程开发（curriculum development）是一个过程，包括了课程目标的制定、课程内容的确定、课程的组织形式及课程的评价方式等一系列活动的过程。赫德永认为课程开发就是课程的规划、实施、调整的过程。香港和台湾的很多学者将 curriculum development 译为课程发展，但是从研究内容来看，也是与课程开发相关的内容，且与本书前面所界定的课程发展并不相同。从以上的研究中可以看出，多数研究者都将课程开发看成一个过程，包括

---

① Todaro M P. 1981. Economic development in the third world. New York: Longman: 14-16.

② 欧用生. 1985. 课程发展模式探讨. 台北：复文图书出版社：13.

课程目标的确定、课程内容的选择、课程活动的组织，以及课程评价的方式选择等，本书也将课程开发看成一个过程，同时兼有课程设计的功能。

2. 课程政策

课程政策是课程研究中的一个独特领域，很多研究者都进行过课程政策的研究，黄忠敬在其著作中提出，课程政策是以政府为代表的权力机构制定的，能够实现一定的课程目标的方针、准则及行动过程，以课程计划、课程标准和教科书为载体。此外，胡东芳博士也认为课程政策主要以课程计划、课程标准及教科书等有形文件为载体。在本书中，课程政策既包括中央政府颁布的文件，也包括地方政府颁布的文件，主要以课程计划、课程标准，以及与信息技术课程有关的教育文件为载体。不公开或无法查阅的课程改革政策文件不在本书研究范围，如与课程有关的内部政策文件。

3. 课程目标

课程目标是指课程本身要实现的具体目标，是期望一定教育阶段的学生在发展品德、智力、体质等方面达到的程度。[①]课程目标主要分为四类：①认知类，包括知识的基本概念、原理和规律，理解思维能力；②技能类，包括行为、习惯、运动及交际能力；③情感类，包括思想、观念和信念，如价值观、审美观等；④应用类，包括应用前三类来解决社会和个人生活问题的能力。课程目标的特点表现为：①整体性，各类目标彼此关联，并非彼此孤立；②连续性，较高年级的目标总是较低年级目标的继续发展和深化；③层次性，技能和情感的目标需要在知识的基础上培养和形成，知识的记忆比其理解低一个层次，知识的应用比其理解高一个层次；④积累性，没有低年级目标的积累，就难以达到高年级的目标。也就是说，课程目标受教育目的及培养目标的制约和影响，是人们对于某一阶段课程与教学预期的结果。舒伯特（Schubert）认为，课程目标主要有四种类型的取向：普遍性目标取向、行为目标取向、生成性目标取向和表现性目标取向。

4. 课程内容

课程内容是构成课程的基本的、内在的要素，反映了不同的课程价值观、课程结构观及不同的课程设计观。关于课程内容的概念，国外课程理论主要有两种观点。一种是课程知识社会学的观点，认为课程内容是在教育机构范围内要向学生灌输的知识，即课程内容反映了社会权利控制的法则，也就是课程知识或教育知识；另一种是技术学观点，认为课程内容是在一门课程中所教授或所包含的知识，也是指一些学科中特定的事实、观点、法则和问题等。这两种观点都把课

① 顾明远. 1998. 教育大辞典(增订合编本). 上海：上海教育出版社：898.

程内容局限在间接经验或理论知识，有一定的片面性。“课程内容是课程的核心要素，从总体上讲，课程内容是根据课程目标，有目的地选择的一系列直接经验和间接经验的总和，是从人类的经验体系中选择出来，并按照一定的逻辑序列组织、编排而成的知识体系和经验体系。”[①]可见，课程内容的基本性质是知识，它具有直接经验和间接经验两种形态。直接经验是指与学生现实生活及其需要直接相关的社会知识、自然知识及技能的总和；间接经验是指理论化、系统化的书本知识。

5. 课程实施

课程实施定义繁多，但概括起来，学者在以下方面具有共识：①课程实施是将编制好的课程计划付诸实践的过程，是实现预期的课程理想，达到预期课程目的，实现预期教育结果的手段。课程计划与课程实施是理想与现实、预期的结果与实现结果的过程之间的关系。[②]②课程实施是通过教学活动将编制好的课程付诸实践。③课程实施的焦点是实践中发生改革的程度和影响课程实施的那些因素。课程实施不包括对课程实际效果的评价，但为评价做准备。一些关于课程实施的定义多为描述性的，一些观念性的问题还存在模糊认识，如仅仅将它等同于教学，有缩小其内涵之嫌。本书采用如下界定，即“课程实施是指一套规定好的课程方案实际的运行过程”[①]，是达到预期课程目标的重要手段。

根据研究需要，本书将从课程发展历程的研究、课程比较的研究、课程发展影响因素的研究、课程发展路向的研究四个方面进行文献综述。

二、课程发展历程的研究

（一）研究现状

笔者查阅了相关的论文、专著，对于课程发展历程的研究，国内外的研究者在学科课程的研究上投入了较大的精力，科目涉及地理、生物、环境、英语、体育、数学、音乐等学科。古德森（Goodson）的《环境教育的诞生》是该类研究的开拓者，而国内的研究则集中于近几年出现的博士学位论文中，如易斌的博士学位论文《改革开放30年中国基础教育英语课程变革研究》对改革开放30年来我国基础教育英语课程变革进行总结和反思，以回顾过去、关注现实与前瞻未来的方式为基础教育英语课程改革的发展寻求有效的方法与策略；王华倬的博士学位论文《论我国近代中小学体育课程的发展演变及其历史经验》通过对我国体育

① 钟启泉. 2007. 课程论. 北京：教育科学出版社：141.

② 李定仁，徐继存. 2004. 课程论研究二十年(1979～1999). 北京：人民教育出版社：91.

课程一百多年的发展过程进行系统的分析，总结历史的经验和教训，展望我国体育课程的未来；许洪帅的博士学位论文《我国中小学音乐教育器乐教学发展研究》所讨论的主要问题是社会政治环境、经济发展状况、思想文化变迁等因素直接影响我国中小学音乐教育器乐教学的发展；吕世虎的博士学位论文《中国当代中学数学课程发展的历程及其启示》主要研究我国当代数学课程发展的历史，并将其发展分为 3 个阶段；马开剑的博士学位论文《普通高中技术教育研究》考察了我国普通高中探索技术教育的历程，并从技术教育的现实出发，提出技术教育重建的主张；张倩苇的博士学位论文《教育技术学视野中的技术与课程发展研究》则着重探讨了技术对课程发展的作用。

国外关于信息技术课程发展的研究，关注信息技术课程本身的发展历程，如美国的科兹马（Kozma）认为计算机和信息科学课程从历史发展来看存在过三种课程形式。①但是，就目前来看，国外没有信息技术课程发展的系统性研究成果。我国信息技术课程发展研究相关的研究成果也不少见，在祝智庭的《信息教育展望》、王吉庆的《信息技术课程论》、董玉琦的《信息技术课程与教学研究》、李艺的《信息技术课程：设计与建设》等著作中，均设置个别章节论述信息技术课程发展的相关问题。朱彩兰的《文化教育视野下的信息技术课程建构》也在第一章回顾了信息技术课程发展历程，并对课程发展过程进行了总结。另外，《ACM 图灵奖（1966—2006）——计算机发展史的缩影》一书记录了 1966～2006 年电子计算机发展的重大事件和创新人物。伞晓辉的硕士学位论文《计算机科学教育史研究》中也陈述了计算机教育在各国中小学的发展情况。在关注国内信息技术课程发展的同时，也有学者把研究视野放得更加开阔，关注世界范围内信息技术课程的发展，希望能从中找寻一些改革我国信息技术课程的“灵感”，具体可见《日本中小学计算机教学的现状与分析》《国际中小学信息技术课程比较研究》《美日两国中小学计算机教育革新比较》《美国中小学计算机应用及对中国的启示》《芬兰计算机教育观感》《加拿大技术教育课程述评》《面向 21 世纪的法国高中技术教育课程改革》《关于英国的 ICT 教育与中国信息技术教育的比较研究》等研究成果。

在所收集到的大量资料的基础上，笔者认为关于课程发展历程的研究可以分为社会、思想和文化三个方面。

（二）课程发展的社会史研究

课程发展历程研究的开拓者是英国教育社会学家古德森，其编写的《环境教育的诞生》一书中研究了三门科目的历史，并通过对教师的深度访谈，展示出了教师在课程发展过程中的利益追求，以及某一个学科课程如何确定其课程地位。

① T. N. 波斯尔斯韦特. 2011. 教育大百科全书——课程. 丛立新, 译. 重庆: 西南师范大学出版社: 21.

英国教育学家雷顿（Layton）在英国现代分权制的基础上考察学校科目发展的过程，总结出英国中等学校课程科目演化的初步模式。大体上可分为三个阶段：首先从课程表入手，证明课程存在的合理性；然后随着课程的不断实践，出现了相关的课程专家和研究传统；最后是形成一人系统的团体。古德森在《环境教育的诞生》中，虽然没有为英国的几门课程作发展历程的界定与划分，只着重分析了学校科目演化的某一特定时期，即建立其学术地位的那段时间，但古德森认为，课程发展是一个社会问题，并具有取决于有关方面的互动与相互依赖的特征。美国的坦纳夫妇在其著作《学校课程史》中，将不同阶段放在了美国的各种重大社会事件中来论述，审视了从 17 世纪到 20 世纪 80 年代的发展过程中那些意义深远的社会事件，探察美国社会的多元主义本质和对民主的追求在学校课程发展领域中发生的种种变革，并将其划分为 1642～1899 年、1901～1919 年、1920～1929 年、1932～1955 年、1956～1989 年五个阶段。韩国的崔美英博士将韩国中学音乐课程分为四个阶段：战后阶段（1945～1960 年）、国家发展阶段（1960～1979 年）、稳定阶段（1980～1987 年）、面向 21 世纪阶段（1988～2005 年）。

在我国，王华倬的博士学位论文《论我国近代中小学体育课程的发展演变及其历史经验》从宏观层面上将我国近代体育课程分为四个阶段：清朝末期的体育课程、辛亥革命后北洋军阀时期的体育课程、国民党统治时期的体育课程、新中国时期的体育课程。许洪帅的博士学位论文《我国中小学音乐教育器乐教学发展研究》也从宏观层面将音乐课程分为：清末民初至国立音乐院成立前、国立音乐院成立后至新中国成立前、新中国成立初期至“文化大革命”前、“文化大革命”时期、改革开放以来至 20 世纪末、21 世纪六个阶段。

有研究者根据技术在当代社会的发展中所发挥的重要作用，对信息技术课程进行了发展历程的划分，石艳从教育社会学的角度研究了信息技术课程的社会发展史，将信息技术教育课程发展分为政策倡导阶段、地方政府与学校认同阶段和课堂建构三个阶段。[①]董玉琦教授认为社会需求是影响信息技术课程发展的宏观因素，人们为了解决社会问题，往往寄希望于学校课程的调整。[②]王世军的硕士学位论文单独论述了信息技术课程的影响因素，其中宏观的社会因素包括国家政策、世界潮流和社会经济三个方面。[③]郭善渡根据技术的发展，将信息技术课程划分为单机和网络两个阶段，这种划分虽难免简单而机械，却反映出计算机科学与技术在课程发展过程中所起的重要作用。[④]

① 石艳. 2005. 信息技术课程的诞生——一项课程社会史的个案研究. 南京：南京师范大学硕士学位论文.

② 董玉琦. 2003. 信息教育课程设计原理：要因与取向. 长春：东北师范大学博士学位论文.

③ 王世军. 2006. 我国中小学信息技术课程——历程与归因. 长春：东北师范大学硕士学位论文.

④ 郭善渡. 2000. 探究式教学模式与现代教育技术. 人民教育, (2):53-55.

（三）课程发展的思想史研究

对于学科课程来说，其学科思想往往成为该学科发展历程研究中不可或缺的因素。在美国，托马斯·波普克维兹（Thomas Popkewitz）对于一系列科目形成的历史进行了集中的分析，其中包括早期教育、艺术、阅读和写作、生物、数学、社会、特殊教育等。D. 坦纳和 L. 坦纳则更关注课程的观念与理论对课程实践的影响，他们分析了美国学校教育课程的历史，分析、追溯起领衔作用的课程观念与实践的历史。[①]他们研究的主要目标之一是说明有关美国教育的伟大思想是如何被错误解释和误解的，结果又是如何被错误应用和在某种程度上而言被丢弃的，以使之在一两代之后作为“新的”思想重新出现。

课程价值作为课程哲学的有机组成部分，也不断受到关注。20 世纪 90 年代早期，美国的研究者开始关注从历史的角度对学科科目进行研究，其中克利巴德和富兰克林为课程史学家定义了三个研究领域：①重要的课程运动，如社会效能运动；②学校教育内的某一课程领域，如职业教育和特殊教育；③对学校课程内容随着时间的流逝所出现的变化研究。富兰克林关于课程的历史研究说明了社会认为什么知识和技能是有价值的。根据克利巴德的观点，没有哪一个单一的群体是绝对最为重要的，在历史中，美国课程是协调的结果，而不是任何“竞争党派”的任何决定性胜利的结果，克利巴德将课程看作一个整体，试图了解有关课程的某些观点是如何产生的，又是如何成为重要并得到认可的。

课程价值层面对信息技术课程发展历程的研究已经逐渐取得了一定的进展。刘向永从课程价值的角度将信息技术课程分为三个阶段，计算机文化论阶段的信息技术课程的价值在于程序设计作为一种文化对于个体的作用，计算机工具论阶段学会用计算机成为计算机课程的价值定位，信息素养阶段信息技术课程的价值定位则更加倾向于信息处理能力。[②]张群从技术哲学的视角，将信息技术课程的发展分为技术工具主义下的信息技术课程和技术人文主义下的信息技术课程。[③]前者体现了信息技术课程的工具属性，后者体现了信息技术课程的人文价值。

（四）课程发展的文化史研究

一些研究者也将视野转向了文化视角下课程发展历程的研究，刘坚在回顾新课程改革十年历程时提到：“新课程最重要也是最本质的追求是通过课程改革，建立一种新的课程文化、新的课堂文化、新的教研文化、新的管理文化；希望藉

---

① 丹尼尔·坦纳，劳雷尔·坦纳. 2006. 学校课程史. 崔允漷，等，译. 北京：教育科学出版社:Ⅳ.

② 刘向永. 2010. 信息技术课程价值研究. 长春：东北师范大学博士学位论文.

③ 张群. 2011. 我国信息技术课程发展的哲学思考——从技术工具走向技术人文. 软件导刊·教育技术，(10): 3-5.

此*在师生之间、学生同伴之间、教师同行之间、管理者与教师之间，以及学校与社会之间，建立一种民主、开放、科学、平等、对话、协商的建设性新型伙伴关系；希望通过课程改革影响学校，通过学校影响下一代，向全社会注入新的文化元素。”[①]王吉庆将我国的信息技术课程分为计算机文化、多媒体文化、超媒体文化、网络文化四个阶段。朱彩兰将信息技术课程放在文化的视野下，无论是对信息技术课程的理解，还是信息技术课程的实施，都需要从文化的层面出发，而文化教育意味着信息技术课程追求的是人与文化的双重建构。[②]钱旭升认为信息技术课程实施过程的实质是文化的博弈过程、文化的交互过程及文化的共生过程，这里既有主流文化与边缘文化的交流、精英文化与草根文化的碰撞，还有师生、生生之间的文化交互，也是虚拟文化与现实文化等多元共生过程。[③]

（五）课程发展历程研究评述

从上述的研究情况来看，无论是对其他学科课程发展历程还是信息技术课程发展历程的研究，社会、哲学和文化三个层面都已经进入研究者的视野。而对于我国信息技术课程发展的历程和特点的研究来说，这些研究大部分集中在了从宏观视角的探讨与总结，当然也有研究是试图以时间维度来划分信息技术课程发展的不同历程，如王世军以我国政府颁布的信息技术课程的教学大纲为主要线索，将我国信息技术课程发展分为五个阶段。[④]美国信息技术教育专家科兹马（Kozma）从课程取向的视角出发，认为从世界范围来看，计算机和信息科学课程的发展过程分为三个阶段：一是专业取向阶段，强调掌握运行计算机的知识和技能，尤其是设计计算机软件的能力；二是应用取向阶段，强调学习计算机非技术的方面，它们的能力、局限、用法，以及其社会、职业和教育含义；三是认知取向阶段，强调通过学习编程让学生掌握更高层次的思考和问题解决技能。[⑤]

课程发展的历程本身就是多维的，而课程又是由多个要素构成。面对信息技术课程这样一个多要素主体，以及信息技术课程发展的多维度存在，需要找到一个观测点，从该点出发观察信息技术课程发展历程中所发生的变化，并以观测点为基础，厘清信息技术课程的现状和未来路向。

---

* 藉是借的繁体字。此处应为：借此——编者。

① 刘坚. 2011. 新课改十年的历程：课程改革任重而道远. http://edu.sina.com.cn/zxx/2011-10-17/1618315616.shtml [2011-10-17].

② 朱彩兰. 2005. 文化教育视野下的信息技术课程建构. 南京：南京师范大学博士学位论文.

③ 钱旭升. 2008. 信息技术课程实施的文化取向研究. 重庆：西南大学博士学位论文.

④ 王世军. 2006. 我国中小学信息技术课程——历程与归因. 长春：东北师范大学硕士学位论文.

⑤ T. N. 波斯尔斯韦特. 2011. 教育大百科全书——课程. 丛立新，译. 重庆：西南师范大学出版社：21.

三、课程比较的研究

（一）国外信息技术课程研究

对于信息技术课程的研究，有学者把研究视野放得更加开阔，关注世界范围内信息技术课程的发展，研究者通过对英国、日本、美国、印度等国家的信息技术课程的最新发展动态进行研究，希望能从中找寻一些改革我国信息技术课程的"灵感"。

1. 日本信息技术课程研究

从 1984 年开始，国内外学者陆续将日本的计算机教育介绍给国内读者和研究者。文羽提到"现代儿童最喜欢的是个人用小型计算机和微型机"①，普通高中的"数学 II"中要进行电子计算机基础知识教育，在职业高中还专门设"信息处理 I・II・III""信息技术 I・II・III""工作基础"等科目。刘文介绍了日本 20 世纪 90 年代的中小学计算机硬件设置、软件开发、师资、应用等情况。②此后，随着时间的推进，不断有研究者对日本中小学的信息技术课程进行相关研究，介绍了日本几个关键时期的信息技术课程发展状况。另外，还有研究者对日本信息技术课程的实施情况进行深入研究，如董玉琦、刘向永介绍了日本信息技术课程实施的一些实际做法，通过具体的课程案例期待对我国信息技术课程有所借鉴。③

2. 美国信息技术课程研究

王觉非介绍了美国计算机（微机）的配置及教学应用情况，并称"美国学校中的计算机时代现在才真正开始"。④包秋指出，计算机在教育上的广泛使用使美国的中小学教育发生了深刻的变化，并从中给出了中国在计算机教育应用方面的启示。⑤随着时代的发展，研究者对美国信息技术课程的探讨一直在进行，而且研究层次更加深入和多元化，如钱松岭提出美国信息技术课程存在三种类型，即在学科中应用的"教育技术"课程、作为图书馆教育的"信息素养"课程和作为独立学科的"计算机科学"课程。⑥李锋进一步提出美国教育目标的多样化取向，即信息素养关注信息能力、教育技术突显创造与革新、计算机教育强调计算思维。⑦

3. 英国信息技术课程研究

陶振宗最早向国内介绍了英国中小学计算机教育，并指出计算机教育包括了

---

① 文羽. 1984. 电子计算机在日本中小学. 外国教育研究, (3): 26.

② 刘文. 1994. 日本中小学计算机教学的现状与分析. 教育科学, (1):59-63.

③ 董玉琦, 刘向永. 2005. 国际中小学信息技术课程比较研究. 外国教育研究, (2):34-37.

④ 王觉非. 1982. 美国中小学开始普及计算机. 外国教育动态, (6): 40-41.

⑤ 包秋. 1997. 美国中小学计算机应用及对中国的启示. 华东师范大学学报(教育科学版), (1):68-74.

⑥ 钱松岭. 2014. 中小学信息社会学课程开发研究. 长春: 东北师范大学博士学位论文.

⑦ 李锋, 王吉庆. 2013. 信息技术教育: 历史的考察与现实的追问. 中国电化教育, (2): 1-5.

学习电子和控制技术、把计算机作为一个系统来研究、用计算机来辅助学生的学习、通信和信息技术四个部分。[①]研究者更是关注英国每一次课程改革所带来的信息技术课程的变化，汪振海介绍了英国信息技术课程的最新进展及其启示[②]；刘琳以英国牛津郡小学 6 年级 ICT 课程中的“多媒体作品呈现”单元的教学实例为典型，研究了英国信息通信技术课程的实施情况[③]；刘向永[④]、于颖等[⑤]通过研究英国从 ICT 课程到 Computing 课程的转变，探讨了英国信息技术课程的最新动向，以及对我国信息技术课程的启示。

除了对几个典型发达国家信息技术课程的研究，研究者还把目光聚焦在了芬兰、加拿大、法国、印度等国家，具体可见《芬兰计算机教育观感》《加拿大技术教育课程述评》《面向 21 世纪的法国高中技术教育课程改革》《印度〈学校信息技术课程指导纲要〉述评》《美日两国中小学计算机教育革新比较》等研究成果，刘向永、董玉琦的论文《国际中小学信息技术课程比较研究》对世界主要国家的中小学信息技术课程现状进行了比较，并进一步分析了信息技术课程的演进模型，将信息技术课程比较研究推向了一个新的高度。

（二）中外信息技术课程比较

为了了解国内外信息技术课程的差异和不足，借鉴国外信息技术课程的成功经验，研究者开展了中国与国外其他国家信息技术课程的比较研究，其中周美娜的硕士学位论文对中英信息技术课程内容进行了比较研究[⑥]，姚瑞丽的硕士学位论文对中印信息技术课程内容进行了比较研究[⑦]，崔英玉的硕士学位论文对中韩两国中小学信息技术教育开展情况进行了比较分析[⑧]，这些系统的研究结论让我们能够更理性地面对国外信息技术课程发展的经验，尽可能少犯盲从与照搬的错误。还有一些中国与其他国家信息技术课程比较的研究，散见于一些文章中，如《中美信息技术课程的比较研究》《中、日、英三国信息技术课程标准的知识观比较研究》《中外信息技术课教材比较研究》等，上述这些研究涉及了信息技术课程的不同方面，从研究的过程与研究的结果来看，无疑会帮助我们在信息技术课程发展的研

---

① 陶振宗, 饶汉昌. 1984. 英国中小学的计算机教育. 课程·教材·教法, (5): 91-92.

② 汪振海, 潘秀华, 张丽静. 1999. 英国中小学信息技术教育的最新发展及其对我国的启示. 电化教育研究, (4): 86-89.

③ 刘琳, 张海, 王以宁. 2003. 英国中小学信息技术课程的实践与启示. 中国远程教育, (11): 54-56.

④ 刘向永, 董洪波. 2013. 英国中小学信息通信技术课程变革述评. 现代教育技术, (1): 32-36.

⑤ 于颖, 解月光. 2014. 从英国 ICT 课程变革反观我国信息技术课程目标与内容建设——基于知识、人本与社会三维融合的视角. 电化教育研究, (7): 92-97.

⑥ 周美娜. 2007. 中英中小学信息技术课程内容比较研究. 福州: 福建师范大学硕士学位论文.

⑦ 姚瑞丽. 2011. 中印小学信息技术课程内容之比较研究. 金华: 浙江师范大学硕士学位论文.

⑧ 崔英玉. 2005. 中韩两国中小学信息技术教育开展情况的比较分析. 长春: 东北师范大学硕士学位论文.

究上开阔视野、拓展思路。

四、课程发展影响因素的研究

国内外关于课程发展的研究涉及多个学科领域，除了课程发展的历程，研究者还把研究重点放在了探讨课程发展的影响因素上。关于课程发展影响因素的研究，学者都有自己的见解。王策三先生认为影响课程的因素包括外部（宏观）因素和内部（微观）因素。[①]廖哲勋先生认为课程的影响因素主要有社会因素、知识因素、学生因素及课程工作者因素。[②]陈侠教授认为课程影响因素有八个方面：社会生产的需要、科学技术的进步、教育宗旨的规定、培养目标的要求、哲学思想的影响、社会文化的传统、儿童身心的发展、学校类型和制度。[③]吴杰认为科技发展对于课程演变有着重要的作用。[④]在《国际课程百科全书》中更是一举列出了教育思想、法律、心理学、政治学等 14 种影响因素。而研究者在进行课程发展的研究时，也从不同层面探讨了课程发展的影响因素。

（一）宏观因素对课程发展影响的研究

克利巴德认为一个国家的正规课程是与该国的历史错综复杂地相联系的，受政治、经济、文化、社会与学术几个方面的影响。[⑤]韩国的崔美英博士在韩国中学音乐课程的不同发展阶段的研究中，研究了政治、经济、社会、文化、教育对韩国音乐课程的影响。[⑥]美国的坦纳夫妇关注教育思想家对美国课程发展的影响与贡献，并根据历史上存在的各种教育思想的影响，将美国课程划分为传统主义课程时期与进步主义课程时期两个阶段。[⑦]

易斌研究了教育形势、教育理念和重大教育举措等宏观因素对改革开放 30 年英语课程的影响。[⑧]王华倬从社会背景、课程政策和教育思想三个方面论述了其对我国近代体育课程的影响，而社会背景包括了当时的政治气候和经济状况，课程政策是指当时的文件对体育课程的规定，教育思想包括拿来主义、实用主义、自然主义和素质教育几个方面。[⑨]许洪帅认为影响中国音乐乐器教学的宏观因素包

① 王策三. 2000. 教学论稿. 北京：人民教育出版社: 205-210.

② 廖哲勋，田慧生. 2003. 课程新论. 北京：教育科学出版社: 260.

③ 陈侠. 1989. 课程论. 北京：人民教育出版社: 161-183.

④ 吴杰. 1986. 教学论. 长春：吉林教育出版社: 102-110.

⑤ Kliebard H. 1970. Persistent Issues in Historical Perspective. Educational Comment: 40.

⑥ Choi M Y. 2006. The history of music curriculum in South Korea middle schools. University of Minnesota.

⑦ 丹尼尔·坦纳，劳雷尔·坦纳. 2006. 学校课程史. 崔允漷，等，译. 北京：教育科学出版社: Ⅳ.

⑧ 易斌. 2010. 改革开放 30 年中国基础教育英语课程变革研究（1978～2008）. 长沙：湖南师范大学博士学位论文.

⑨ 王华倬. 2003. 论我国近现代中小学体育课程的发展演变及其历史经验. 北京：北京体育大学博士学位论文.

括地区经济状况和地区文化。[①]

对于信息技术课程发展的宏观影响因素，王相东[②]、祝智庭[③]等认为正是有了“计算机要从娃娃抓起”的理念，计算机教育才真正走入中小学。

（二）教师与学生对课程发展影响的研究

从课程自身微观层面来探讨课程发展影响因素，英国的古德森已经开始尝试了，他非常关注教师在课程发展中的能动作用，认为是教师和学生的互动构建了课堂，构建了课程的现实状态，这从他的著作《环境教育的诞生》所运用的生活史研究方法便可见一斑。杨明全认为，“课程变革从最根本上来说就是人的改革，它的成功推行需要教师专业发展的支撑”[④]。斯坦豪斯坚信：“没有教师发展，就没有课程发展。”[⑤]美国著名课程论专家舒伯特也认为：“课程改进的关键在于教师的专业发展，在现实的意义上，专业发展就是课程发展……专业发展的目的不是为了改变自身，而是为了促进课程的改进，课程改进需要持续的专业发展。”[⑥]解月光教授认为教师专业特质与信念制约技术课程实施的“深度”，教学技能是实施技术课程的“黏合剂”，学科知识与实践动手能力是技术课程得以实施的“砥柱”，课堂氛围是技术课程对学生发展产生影响的“土壤”。[⑦]石艳认为教师的地位和认同直接影响着课程的现实状态。[⑧]李岩认为教师信念是影响课程发展的个人因素。[⑨]

也有研究者将学生作为信息技术课程发展的重要影响因素，董玉琦认为信息技术课程的影响因素之一就是学生，且“学生发展是课程设计的主旋律”[⑩]，解月光教授从课程实施的层面，研究学生的课程认同对课程发展的影响。[⑪]

（三）技术对课程发展影响的研究

对于技术对课程的影响，国内外主要是从课程策略的角度来研究，关注的是

---

① 许洪帅. 2007. 我国中小学音乐教育器乐教学发展研究. 北京：首都师范大学博士学位论文.

② 王相东. 2001-09-20. 我国中小学信息技术教育的现状与前景. 中国教育报, 第8版.

③ 祝智庭. 2002. 信息教育展望. 上海：华东师范大学出版社：38.

④ 杨明全. 2003. 论教师参与课程变革. 上海：华东师范大学博士学位论文.

⑤ Stenhouse L. 1975. An Introduction to Curriculum Research and Development. London: Heineman: 98.

⑥ Schubert W H. 1986. Curriculum: Perspective, Paradigm, and Possibility. New York: Macmillan Publishing Company: 372-373.

⑦ 解月光. 2007. 普通高中技术课程实施个案研究. 长春：东北师范大学博士学位论文.

⑧ 石艳. 2005. 信息技术课程的诞生——一项课程社会史的个案研究. 南京：南京师范大学硕士学位论文.

⑨ 李岩. 2012. 普通高中信息技术教师信念研究. 长春:东北师范大学博士学位论文.

⑩ 董玉琦. 2003. 信息教育课程设计原理：要因与取向. 长春：东北师范大学博士学位论文.

⑪ 解月光. 2007. 普通高中技术课程实施个案研究. 长春：东北师范大学博士学位论文.

如何把技术整合到学科教学中，如Law认为应用技术不是维持教学实践，而是创新教学实践[①]，Venezky和Davis认为技术作为工具（或资源）为教师实现教学法的创新起到了杠杆作用。[②]马宁和余胜泉认为信息技术与课程整合存在三个阶段，即从知识为中心到以资源为中心再到全方位的课程整合。[③]而Wiles和Bondi在《课程开发：实践指南》中从本体论层面关注信息技术对课程开发的影响，认为信息技术不仅影响知识传递的效率，它业已并将继续使课程的性质发生根本性的改变。[④]张倩苇认为从手工技术时代、机械化技术时代到信息技术时代，技术都对课程发展产生着重要影响。[⑤]

另外，对于信息技术课程的技术性特点，研究者也探讨了技术或技术哲学对信息技术课程的影响。朱彩兰在对信息技术课程展开历程回顾的时候，每个阶段都首先讨论了技术发展的影响。[⑥]马开剑认为技术通过对工业发展的影响，而以各种方式进到学校中。[⑦]张群主张立足于技术哲学，来认识技术教育的本源性问题。[⑧]王吉也关注了技术哲学的重要作用。[⑨]

（四）课程发展影响因素研究评述

从以上三个方面的研究中分析发现，课程发展的影响因素涉及很多方面，包括社会、经济、文化、指导课程发展的政策等宏观因素，也涉及学校教育中所教授的内容，在某种程度上还包括与政策和实践相关的理论与研究。其中提到最多也是最关键的一个是社会对课程发展的重要影响，可见其对课程发展的重要程度。从研究者的研究内容可以看出，学生是影响课程发展的重要因素，而学生作为影响因素也只是多停留在说教层面上，至于学生在信息技术课程发展过程中产生什么影响，以及怎样的影响，都没有做系统的研究，而学生作为课程内部的微观影响因素，是课程发展的重要内在动力。因此有必要对学生的影响进行系统的分析。就现在研究来看，研究技术或技术哲学对信息技术课程发展的影响还是有限的，技术作为社会发生的重要产物和信息技术学科知识的主体，对信息技术课程也将产生特别的影响。技术对信息技术课程发展具有特殊的意义和价值，因此要深入

---

① Law N. 2003. Innovative classroom practices and the teacher of the future. Conference on Information and Communication Technologies,132:171-182.

② Venezky R L, Davis C. 2002. Quo vademus? The Transformation of Schooling in a Networked World. OECD.

③ 马宁，余胜泉. 2002. 信息技术与课程整合的层次. 中小学信息技术教育, (1):51-56.

④ Wiles J, Bondi J. 2007. 课程开发：实践指南. 6版. 徐学福，陈静，译. 北京：中国轻工业出版社: 3-8.

⑤ 张倩苇. 2007. 教育技术学视野中的技术与课程发展研究. 广州：华南师范大学博士学位论文.

⑥ 朱彩兰. 2005. 文化教育视野下的信息技术课程建构. 南京：南京师范大学博士学位论文.

⑦ 马开剑. 2006. 普通高中技术教育研究. 上海：华东师范大学博士学位论文.

⑧ 张群. 2011. 我国信息技术课程发展的哲学思考——从技术工具走向技术人文. 软件导刊•教育技术, (10): 3-5.

⑨ 王吉. 2011. 高中信息技术课程的现状、问题与对策. 现代教育技术, (1): 52-55.

挖掘技术在我国信息技术课程发展中的重要作用。本书将围绕社会、知识和人才三个方面对未来信息技术课程发展的路向和策略进行研究。

五、课程发展路向的研究

课程发展路向关注的是课程发展的“应然”状态，表达的是我们对课程“理应如此”的希望。它不是现实的存在，而是作为一种目标来引导、改进和完善既存的现实。在研究课程发展路向的应然状态时，课程取向、课程价值、课程发展趋势等研究也就进入了大多数研究者的视野。

（一）课程取向的研究

1. 关于课程设计取向的研究

尽管许多研究者在探讨课程设计时或多或少会涉及课程取向的研究，但把课程设计取向作为独立的研究对象的文献并不多见。研究者习惯于把课程设计取向分为学科中心、社会中心、儿童中心三类，学者艾斯纳（Eisner）又将课程取向分为六类，包括技术、个人适合、社会重建（也称批判意识）、社会适应、认知过程和学术理性。[①]普瑞特（Print）则把课程取向划分为五种，它们是学术理性主义取向、认知过程取向、人本主义取向、社会重建主义取向和技术学取向。

我国对课程设计取向的研究较晚，随着20世纪80年代课程改革的深化，国内研究者把目光更多地转向了课程取向的领域中。靳玉乐倾向于将课程取向分为五类，即学术理性主义、认知过程、社会重建、人文主义和科技发展。[②]张华教授从国际比较视角概括了课程的主要价值取向：多元主义教育价值观、教育民主与教育公平的理念和主体教育观。[③]谢登斌除重述了张华上述的三个观点外，还提出了另外两种价值取向：人与自然之间的张力，产生生态伦理观；个人与社会之间的张力，产生个性发展观。[④]姜美玲则提出了“回归生活”[⑤]的课程价值取向，即将学生的生活与课程设计紧密结合。

2. 关于课程目标取向的研究

Goodlad 认为“课程目标是有价值取向的，以哲学信仰为基础”。[⑥]爱伦·C.

---

① Eisner E W. 1985. The Educational Imagination: On the Design and Evaluation of School Programs. New York: Macmillan: 61-66.

② 靳玉乐, 罗生全. 2007. 中小学教师的课程取向及其特点. 课程·教材·教法, (4): 3-10.

③ 张华. 2002. 论基础教育课程改革的价值取向. 天津师范大学学报(基础教育版), (1): 1-6.

④ 谢登斌. 2002. 世纪之交世界课程改革的价值取向. 广西师范大学学报(哲学社会科学版), (3): 35-40.

⑤ 姜美玲. 2002. 回归生活世界——中小学课程改革的价值取向. 上海教育科研, (9): 43-46.

⑥ Goodlad J L. 1979. Curriculum Inquiry. New York: McGraw-Hill: 25.

奥恩斯坦等阐述了“永恒主义”“要素主义”“进步主义”和“改造主义”在课程的目的和计划方面的作用。①

在我国，随着新课程改革的推进，人们对课程目标的价值取向也有了进一步的认识。靳玉乐认为在“全人发展的价值取向”下，学校的课程目标发生深刻的变革，其中既包括学生的全面发展，也包括学生的个性发展，以及基本素质、能力和道德品质的发展。②孟宪乐认为“树立发展为本的教育目的观应当是基础教育课程目标基本的价值取向”③。

3. 关于课程实施取向的研究

美国学者米勒（Miller）提出包括行为、学科、社会、发展、认知、人本主义、超个人在内的七种课程实施的取向。富兰（Fullan）与庞弗雷特（Pomfret）提出了两种课程实施取向，即忠实观与相互调适观。④辛德（Snyder）等以富兰的研究为基础，归纳出三种取向，即忠实观、相互调适和课程缔造。⑤侯斯建议从技术、政治和文化三种视角出发分析课程实施。⑥我国的课程学者采用了辛德等的观点，但是尹弘飚和李子建认为：“这两种分类方式本质上却是相互补充的，而且各种实施取向之间也形成了一个连续体。”⑦

4. 课程价值取向的研究

课程价值取向的研究已成为学科课程研究领域中的一个重要分支，这些研究丰富了课程研究的内容和对象。顾继玲从数学学科的改革和发展出发，提出数学课程的价值取向应强调实用价值与理性价值的结合。⑧朱志勇的论文《适应抑或超越？——我国小学、初中语文教科书内容个体我价值取向的分析》，认为中华人民共和国成立以来我国中小学语文课程经历了从国民公德、共产主义道德到社会主义公民的变迁，而在这个过程中“个体我价值取向”越来越受到关注。

付安权的博士学位论文《当代我国基础教育外语课程价值取向研究》指出外语课程发展是工具价值和人文价值逐渐走向“和合”的过程。李寒梅在其博士学

---

① 爱伦·C. 奥恩斯坦, 费朗西斯·P. 汉金斯. 2002. 课程: 基础、原理和问题. 3 版. 柯森, 译. 南京: 江苏教育出版社:36.

② 靳玉乐. 2002. 论基础教育课程发展的新理念. 教育理论与实践, (4): 21-26.

③ 孟宪乐. 2002. 新课程目标: 发展为本. 教育发展研究, (7/8): 46-48.

④ Fullan M, Pomfret A. 1977. Research on curriculum and instruction implementation. Review of Educational Research, 47(2): 335-397.

⑤ Snyder J, Bolin F, Zumwalt K. 1992. Curriculum Implementation.In P. W. Jackson (Ed.),Handbook of Research on Curriculum. New York: Macmillan: 402-435.

⑥ House E R. 1979. Technology versus craft: A ten year perspective on innovation. Journal of Curriculum Studies, 11(1): 1-15.

⑦ 尹弘飚, 李子建. 2005. 再论课程实施取向. 高等教育研究, (1): 67-73.

⑧ 顾继玲. 2004. 现代数学课程的价值取向研究. 南京: 南京师范大学博士学位论文.

位论文《改革开放以来中学政治课程价值取向变化研究》中，从课程的社会价值和个人价值两个维度，对中学政治课程价值取向的变迁轨迹进行了深入分析。该研究认为，在课程目标的“应然”与“实然”、课程内容的“分化”与“整合”矛盾运动中，课程在注重其社会价值的同时，开始呈现出兼顾个人发展的变化特点，并表现为从价值一元到一元引领与多元共建的趋势。①

（二）课程趋势的研究

在近十年的信息技术课程快速发展期间，无论是设计者还是实施者都遇到了一些当时设计时不曾预见的问题，所以在此期间信息技术课程的研究量大增，其中有的研究强调文化取向的重要性，如朱彩兰提出：“需要在文化教育的视野下观察信息技术课程，即在文化教育的层面上理解和实施信息技术课程。”②钱旭升意识到文化在信息技术课程中的重要性，从课程实施的角度，将当前实施的信息技术课程归结为技术取向的课程，而将信息技术看成一种文化，信息技术课程实施文化取向是信息技术课程发展的必然。③

课程观、哲学等也成了信息技术课程取向典型的研究。张克松认为应设置多元化与差异化的课程目标体系，组织与编排建构性与境域性的课程内容，注重阐释与交往的教学实施，进行发展性与模糊性的课程评价。④张群认为技术哲学是信息技术课程发展的理论基础，未来的信息技术课程将从技术工具主义走向技术人文主义，课程要在各个模块都要体现技术与人文的结合。⑤刘向永认为课程价值是信息技术课程研究的逻辑起点，以价值哲学为基础，将信息技术课程价值体系分为社会价值、个体的工具价值和个体的内在价值，并制定了课程价值实现的宏观机制和微观机制。⑥李树培畅想了信息技术课程核心价值的可能方向为工具性的夯实与保持，即平衡大众技术与精英技术的关系，关注技术应用中学生的精彩观念，人文性的丰富与拓展。⑦该研究是在课程取向上寻求课程的工具性和人文性之间的平衡。

此外，很多研究者将目光转向了技术与工具的上位概念的研究上。王爱胜认为课程要做到：引导学生真正关注真实的社会应用，切实鼓励学生参与真正的技

---

① 李寒梅. 2009. 改革开放以来中学政治课程价值取向变化研究 . 北京：北京师范大学博士学位论文.

② 朱彩兰. 2005. 文化教育视野下的信息技术课程建构. 南京：南京师范大学博士学位论文.

③ 钱旭升. 2008. 信息技术课程实施的文化取向研究. 重庆：西南大学博士学位论文.

④ 张克松. 2011. 中学信息技术课程的后现代转向. 课程・教材・教法, (4): 87-90.

⑤ 张群. 2011. 我国信息技术课程发展的哲学思考—从技术工具走向技术人文. 软件导刊・教育技术, (10): 3-5.

⑥ 刘向永. 2010. 信息技术课程价值研究. 长春：东北师范大学博士学位论文.

⑦ 李树培, 王荣良. 2013. 信息技术课程核心价值探析. 中国电化教育, (3): 7-11.

术创意，在真实的活动中提高技术与技能。[①]钟义信和吴正己认为台湾地区的“资讯科技课程未来的发展方向，应是回归到计算机科学”[②]。

（三）课程发展路向研究评述

我国学者关于课程发展路向的研究成果，可以说是相当丰富的。目前达成普遍共识的是，操作软件的傻瓜化、简单化让人们越来越质疑传统的“软件培训班”式信息技术课程存在的价值。于是人们开始思考信息技术课程的发展之路，有“迷茫与憧憬”[③]，也有“何去何从”的担忧[④⑤]，还有“山的那边是什么”的期盼[⑥]，其实这些研究目前来看无非是在寻找信息技术课程的一种“应然”状态，也就是关于课程取向的研究，但是这些研究只是在寻找某一方面的“应然”状态，如关于课程内容建构的探索，关于信息技术课程目标的检视，关于学习者或学习心理的研究，等等。而关于信息技术课程发展路向的研究，要在历史与逻辑的辩证分析中为信息技术课程改革指出一条未来发展之路。因此，对课程发展路向的探索，应该是信息技术课程在课程价值与理念、课程目标、课程内容及课程评价等多个要素的检视与重构，同时，对课程发展的历史性研究也实现了课程发展路向研究的具体化和对象化。

近30年来，关于信息技术课程的研究大都集中在课程内容、课程实施、课程评价等理论或实践，而关于信息技术课程发展历程的研究却是很少有人关注的一个领域，目前看到的相关研究要么遵循线性的叙事历程，缺乏空间感，就像斯蒂芬·鲍尔所描述的，“历史快照式的研究，难以形成关于教育改革或变革的过程感”[⑦]；要么就是对课程进行阶段性的、非历史性的研究，忽略了课程的历史背景，没有说明课程发展的过程。信息技术课程理论在肩负着课程改革重任的同时，应该有一些空间来回顾信息技术课程发展的历程，深化对课程现象的认识，从而使信息技术课程理论本身不断地进步和丰富。综观这些研究成果，虽然均不同程度地涉及了信息技术课程研究的领域，但是，从课程理论可持续发展的角度出发，运用课程理论对各个阶段的信息技术课程进行较为系统深入的剖析与评价，还非常不够。

---

① 王爱胜, 田敏. 2011. 高中信息技术课程标准发展推演. 中国信息技术教育, (13/14): 19-21.

② 钟义信, 吴正己. 2012. 信息技术课程内容: 反思与重构. 中国信息技术教育, (7/8): 9-12.

③ 肖焕之. 2011. 迷茫与憧憬——《义务教育信息技术课程指导纲要》冷思考. 中小学信息技术教育, (4): 11-13.

④ 张义兵. 2011. 遭遇“七年之痒”: 高中信息技术课程何去何从. 中国信息技术教育, 14: 16-18.

⑤ 刘向永. 2012. 信息技术课程: 何去何从. 中国信息技术教育, (6): 4.

⑥ 孙众. 2012. 山的那边是什么? ——谈中小学信息技术学科走向. 中国信息技术教育, (6): 21-26.

⑦ Ball S J. 2006. Education Policy and Social Class: The Selected Works of Stephen J. Ball. London, New York: Routledge: 15-19.

第二章　我国信息技术课程发展研究设计

第一节　研究问题与意义

一、我国信息技术课程发展研究问题

经过 30 余年的发展，我国的信息技术课程研究取得了一定的成绩，从微观层面研究信息技术课程的数量较多，虽然有对未来信息技术课程发展方向的探讨，但是关于信息技术课程发展的系统性研究不足。本书聚焦于“我国信息技术课程发展”问题。中心研究问题是我国信息技术课程发展的路向与策略。

本书围绕中心研究问题，提出 4 个子研究问题。

（1）我国信息技术课程历史呈现怎样的特点？从这个历程中可以发现怎样的规律？

（2）正在实施的信息技术课程现状如何？人们对课程的期待又是什么？

（3）我国信息技术课程将如何改革来应对挑战，推动课程发展？

（4）如何保障我国信息技术课程的变革和可持续发展？

二、我国信息技术课程发展研究意义

通过对我国信息技术课程发展的历史梳理与未来走向的构想，本书希望在以下几方面做出贡献。

（一）理论意义

1. 丰富信息技术课程研究理论

历史是最好的老师，探讨我国信息技术课程发展问题，就是要从历史进程中寻找规律，从现实中发现问题，从而把握未来信息技术课程改革的基本趋势，并为信息技术课程提供发展的策略。对于推动信息技术课程的发展，促进信息技术学科建设，无疑具有重要的意义和参考价值。

2. 为国际信息技术课程研究提供个案经验

本书试图重新解读信息技术课程的发展过程与特点，在我国现实问题的基础上，借鉴国外信息技术课程发展历程，找到我国信息技术课程发展的路向与策略。同时，也可以为国际信息技术课程研究提供来自发展中国家的经验与案例。

（二）实践意义

1. 为信息技术课程改革提供决策咨询和政策参考

本书通过对国内外信息技术课程发展的研究，对信息技术课程发展进行全景式的把握，期望能在我国现有课程体制下，找到信息技术课程发展的路径，为我国信息技术课程政策制定提供参考。

2. 为课程开发者和实施者提供指引

一是有利于信息技术课程研究与开发者对信息技术课程本质的理性认识，为我国信息技术课程的发展寻求有效对策；二是通过对信息技术课程现状的分析和路向的探索，提高教师在信息技术课程教学过程中的创造性，以及学生在学习信息技术课程过程中的积极性。

第二节　研究策略与构想

一、我国信息技术课程发展研究策略

研究策略是根据研究问题选取的一种或多种研究方法。研究策略有三种，包括定量研究、定性研究和混合研究，“混合研究是指研究者以实用主义为基础建构知识观，运用顺序法或并行法等资料收集方法，以能最好地理解所研究的问题为目标”[①]。

混合研究策略实质上是定性和定量相结合，其目的是寻求研究结果之聚合。混合策略要求收集定性和定量两种数据。对信息技术课程发展的研究涉及多个研究对象，单靠定量或定性的数据去回答研究问题可能“证据不足”。就研究内容而言，考察课程发展历程需要定性的历史法；了解国内外课程发展现状同时需要定性的文献资料和问卷调查的定量数据；获取对课程改革诉求不仅需要定性的文本法，还需要定量的调查法并补充实证访谈。因而，研究问题和内容本身决定了定量和定性方法需相互支撑，也决定了混合策略对本书的适合性。

混合研究策略强调整体的设计，因此，它不是定性研究与定量研究的简单叠加。“整体的混合研究策略集成了定量和定性方法的优点，能够回答更宽泛和更复杂领域的研究问题，因为研究者不受制于单个的定量或定性方法；通过汇聚和联合分离的研究发现，能为总研究问题提供强有力的证据；因而研究者能够提出或验证深刻的理论。”[②]本书将质的研究和量的研究结合起来考虑。不论采取什么

---

① 约翰·W. 克雷斯威尔. 2007. 研究设计与写作指导：定性、定量与混合研究的路径. 崔延强，译. 重庆：重庆大学出版社：15.

② Johnson R B, Onwuegbuzie A J. 2004. Mixed methods research: A research paradigm whose time has come. Educational Reseacher, (7): 21.

研究方法，如果抽取的样本比较大，那么研究只可能抓到这些样本的一些表面的共性，而不可能对这些共性下面的个性特征或深层意义进行有效的挖掘。在时间、精力和财力不变的情况下，大样本比小样本获得的研究结果显然要浅显一些。虽然对大样本进行调查可以了解该样本的共性，但是前提却是建立在对个性的认可之上。因此，为了了解样本的个性，必须对特殊的个案进行研究，通过特殊的个案往下深入，进入共性的深层进行挖掘。丹曾和林肯在《质的研究手册》中曾经指出"任何课堂都和其他所有的课堂一个样，但是又没有哪两个课堂一模一样。对一个特殊现象的研究就是对普遍现象的研究"。混合研究策略有顺序法、并行法和转换法之分。本书采用并行法，即同时采用定性和定量方法收集资料，并通过二者互补的方式对资料加以分析，最后针对同一研究问题进行融合分析。

二、我国信息技术课程发展研究框架

（一）研究的维度

我们可以将"信息技术课程"看成一个系统，并把这个不断发展的系统从时间和空间两个大的维度进行解析，因此，本书试图将研究分为宏观、中观和微观三个层面，以课程发展历程为线，以具体的学校课程改革为点，力图在历史中把握变化，从课程要素层面揭示课程的发展路向。

1. 时间维度

历史研究的鉴今功能只是从启发意义上来讲的，历史给予我们的只能是一种启示，而不能给我们具体可操作的处事方法。本书将尽力遵循历史研究的规范，通过对我国信息技术课程发展史料的收集、梳理、分析，厘清30余年来我国信息技术课程发展的史实，赋予它们以新的意义和价值。通过对史料、史实的研究，揭示我国信息技术课程发展的历程，总结我国信息技术课程发展的特点，并探讨我国信息技术课程发展历史对我国信息技术课程现状与路向的指导意义。

2. 空间维度

本书将尝试从社会、知识与人才的视角来看信息技术课程发展的历史、课程实施的现状，并以此为依据探讨我国信息技术课程发展的路向与策略。在宏观层面上，将从"社会"视角入手，探讨技术对信息技术课程的影响；在微观层面上，将分析信息技术课程中的"人"的现状及对未来课程发展的诉求；在中观层面上，从"知识"视角入手，探索信息技术课程的诸要素的变革与发展。对于分析我国信息技术课程发展历史与现状来说，社会、知识与人才的视角是一个解读的框架；对于信息技术课程发展的路向与策略来说，社会、知识与人才的视角又是一个建构的框架。

（二）研究的内容

本书分为研究引论、研究本论和研究结论三个部分，研究引论部分是本书的源起，本论和结论部分是本书的主体内容，包括以下几方面：

（1）我国信息技术课程发展的历史。在这部分内容中，将从史实中梳理我国信息技术课程发展的历史，从而追溯我国信息技术课程诞生的源头与发展轨迹。

（2）我国信息技术课程发展的现状。在这部分内容中，将要从课程实施的角度揭示我国信息技术课程发展的现实状态，从而了解学生的诉求和教师的期待。

（3）我国信息技术课程发展的路向。在这部分内容中，将分析我国信息技术课程如何发展才能满足人才、知识与社会的要求。

（4）我国信息技术课程发展的策略。在这部分内容中，将探讨保障信息技术课程的变革和可持续发展的相关策略。

具体的研究内容框架见图 2-1。

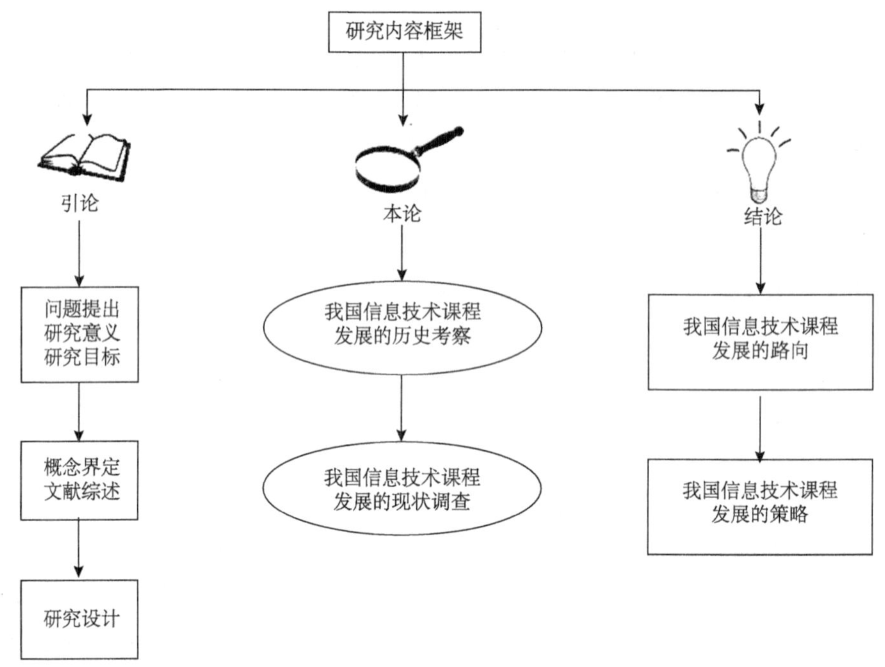

图 2-1　研究内容框架

（三）研究的范围

研究的范围既有聚焦，又有发散。本书中，将研究的重心放在了研究者所在的辽宁省，采用调查研究法、民族志研究法，以辽宁省为考察的核心和研究个案，开展以“我国信息技术课程发展的现状”为主题的研究，同时又将视野向辽宁省外扩展，采用历史研究法、调查研究法，开展以“我国信息技术课程发展的历史”为主题的研究。研究范围和受访对象分别见图 2-2 和表 2-1。

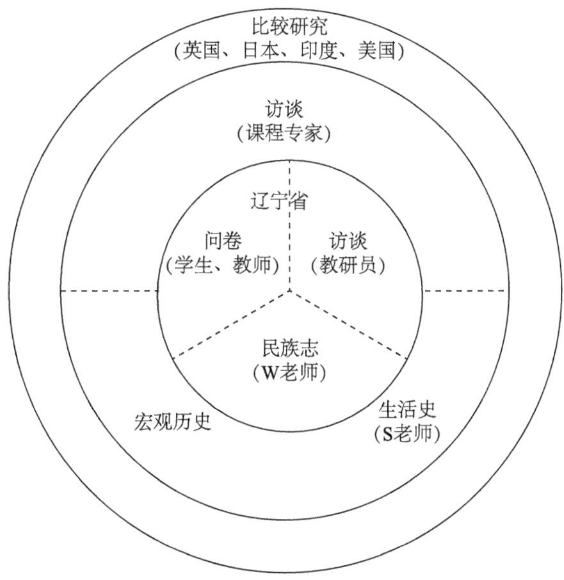

图 2-2　研究的范围

表 2-1　受访对象一览表

受访对象	受访者信息	备注
课程专家	WJQ 老师	教授
	FDR 老师	教授
	LY 老师	教授
	LDM 老师	信息技术特级教师
教研员	YJX 老师	辽宁省省级教研员（退休）
	WXY 老师	辽宁省省级教研员
教师	WZ 老师	辽宁省 LS 中学信息技术教师
	SYW 老师	北京景山学校信息技术教师（退休）
	辽宁省部分高中信息技术教师	抽样 88 人
学生	辽宁省部分高中高一年级学生	抽样 899 人

第三节　研 究 方 法

在决定采用某种研究方法之前必须考虑三个条件：研究问题的类型、研究对象与事件控制程度，以及研究重心是当前还是过去。①对我国信息技术课程发展的研究，需根据不同的研究内容，进行研究方法的设计。

一、历史研究法

历史研究法是通过对史料进行分析、破译和整理，从而认识研究对象的过去，借以预测未来的一种研究方法。“这种方法的实质在于探求研究对象本身的发展过程和人类认识该事物的历史发展过程，而不是单纯地描述具体的历史事件或历史人物的活动。”②历史研究法一般遵循明确研究问题、搜寻历史资料、总结评估历史资料及解释历史资料等步骤。③本书将围绕宏观历史研究和微观历史研究两条线索，对“我国信息技术课程发展的历史”这个子问题进行研究。通过梳理 20 世纪七八十年代以来信息技术课程的演变态势，为我国信息技术课程“从何而来”进行描述和解释。史料的范围见表 2-2。

表 2-2　史料范围一览表

研究范围	史料类别		史料数量
宏观历史	课程文件	国家文件	22 个
		地方文件	1 个
	教材	自编教材	3 本
		地方教材	2 本
		国家教材	5 本
	课程研究文献	著作	5 本
		学位论文	10 篇
		期刊论文	100 余篇
微观历史	博客日志	SYW 老师新浪博客	165 篇

（一）宏观历史研究

1. 史料类型与跨度范围

宏观历史研究的史料有三种类型：第一种是课程文件，来源于政府机构发布的信息技术课程的政策性文件。第二种是信息技术课程研究的文献，来源于信息技术课程研究者的著作或公开发表的学术论文。第三种是信息技术教材，既包括某一

① 罗伯特 · K. 殷. 2010. 案例研究：设计与方法. 2 版. 周海涛，李永贤，李虔，译. 重庆：重庆大学出版社：8.

② 裴娣娜. 1995. 教育研究方法导论. 合肥：安徽教育出版社：136.

③ 梅雷迪斯 ·D. 高尔，沃尔特 ·R. 博格，乔伊斯 ·P. 高尔. 2002. 教育研究方法导论. 6 版. 许庆豫，等译. 南京：江苏教育出版社：531.

时期学校自编的教材，也包括地方教材，以及全国通用的教材。此外，学术机构发布的研究报告也将作为辅助资料。史料的时间跨度，从20世纪六七十年代至今。

2. 史料收集、鉴别与评价

本书采取多种途径收集资料：一是直接访问相关机构的网站，获取信息技术课程相关的文献；二是通过学校图书馆，获取书籍、课程文件和期刊文献，年代久远的资料可以利用图书馆的文献传递功能获得；三是通过学术会议或学术交流，邀请相关学者提供其所掌握的史料，或提供可能的获取途径。

资料收集完后，初步筛选具有代表性的阅读性文献。通过导师指导、同行鉴别、自我评价等过程，并结合国内外学者关于史料评论的观点，最终确定部分课程文件、书籍和学术论文作为宏观历史研究的重点支持文献。相关的支持性文献信息，见附录A和附录B。

3. 史料的处理与分析

史料选定后，按四个步骤进行资料的处理：第一，将史料分门别类；第二，泛读史料，获取史料所述内容的概貌，记录重点；第三，精读史料，通过反复阅读史料，对信息技术课程的内容加以理解；第四，在上述三个步骤基础上，结合研究问题与研究目标，对史料进行分析。在本书创作过程中，资料的收集、处理、阅读与分析往往是一个反复的过程。

4. 史料的呈现与解释

本书采取定性描述的方法来解释相关的史料，主要以文字方式呈现，同时辅之以少量图表来分析史料内容。按照信息技术课程历史发展规律的框架呈现资料分析过程，其中，既包括不同阶段课程要素的样态的描述性分析，也包括信息技术课程发展特点的解释性分析。

（二）微观历史研究

宏观历史研究多关注历史的宏大叙事，其内容多是轮廓性、概括性及纲目性的铺陈，而历史在发展过程中也同样是某一个群体及个体的人的活动的结果，历史研究不仅要关注整个社会发展的基本方向，还要关注每个人的价值观，个体的愿望、需求和意图，以及个体在改造社会与世界的过程中是如何接受当时的社会和世界的。微观历史研究关注了我国信息技术课程发展进程中的“人”，本书将从信息技术教师个人生活史的视域来进行我国信息技术课程微观历史的研究。对生活史的研究并不是要讲述个人生活的故事，而是要尝试将个人放在时代历史当中，通过对个人生活史的研究，就可以洞悉个人是如何随着时代的变化来适应他们工作及其环境的。

1. 研究对象的确立

北京景山学校创办于1960年，是一所专门进行城市中小学教育试验的学校，是全国重点学校。北京景山学校是我国信息技术课程的前身计算机课程诞生的地方，1983年10月1日，邓小平为北京景山学校题词："教育要面向现代化，面向世界，面向未来。"北京景山学校SYW老师（于2013年退休）从教40余年，经历了我国信息技术课程的诞生与发展的各个时期，是信息技术课程微观历史的重要见证人和典型代表。虽然SYW老师仅是信息技术教师群体中的一个普通个体，但其个人生活史则带有其时代的历史印记。

2. 研究资料的选择

本书通过对SYW老师博客日志内容的精细解读，剖析出信息技术教师在信息技术课程变革中的心态及其教育影响，以个体窥时代，以微观照宏观。SYW老师2008年在新浪网开通博客，他的博客从2008年10月22日开始，日志有七个分类，分别是"第一篇：我的幸福童年""第二篇：参军是我的梦""第三篇：黑土地的记忆""第四篇：做教师的岁月""教育篇：信息技术教育""支教篇：我的烛光行动""杂谈"。这些日志记录了他的童年、青年、工作经历和梦想，正如他在第一篇日志里所说，"我会把所想、所作和过去的经历记录在这里和大家分享"，可以说SYW老师的个人生活史从他的博客日志中得到了体现。

教师的教学和对于教育问题的认识，在通过日志等方式被表述出来的时候，是受到其现在的职业和生活经历所影响的。因此，必须承认的是，作为存在或者体验的生活和被讲述出来的生活是有区别的，这种区别导致了生活史的分析不能呈现教师生活的全部真实，但正是这种张力使得对于我国信息技术课程微观历史的研究成为可能。

二、调查研究法

调查研究法着重研究的是信息技术课程发展过程中的现实情况，"它搜集的是自然状态下反映实际情况的材料，对研究对象不加任何干涉"[①]。为了寻找我国信息技术课程的未来发展路向，既要有历史感，也要有现实感，面对历史、现实与未来，本书采用了访谈法、问卷法来解决本书中的几个子问题。具体的调查研究法的设计与实施过程将在第四章中进一步阐述。

（一）访谈法

针对"我国信息技术课程发展的历史"和"我国信息技术课程发展的现状"

① 裴娣娜. 1995. 教育研究方法导论. 合肥：安徽教育出版社：158.

两个子问题，本书将通过访谈法获得专家、教研员对我国信息技术课程发展历史与现状的意见与看法。信息技术课程专家、优秀教师和教研人员都是亲身经历了信息技术课程发展的不同阶段，访谈目的是对一些史料进行考证辨伪，并倾听他们对我国现在信息技术课程的状态和未来信息技术课程发展走向的意见。

1. 访谈的设计

本书主要采用的是开放式的访谈。访谈问题根据本书中的两个子问题，形成了初步访谈提纲，经过多次修改后，确定下来的访谈提纲包括两个，一个是专家访谈提纲，另一个是教研员访谈提纲，详见附录 C 和附录 D。深度的访谈能够了解到被访谈者对信息技术课程实施过程中的理解、认识和看法。

2. 访谈的实施

2013 年 4 月 6 日下午，笔者访谈了我国信息技术课程专家、中国中小学计算机教育研究中心主任、华东师范大学 WJQ 教授，信息技术课程专家、华中师范大学 FDR 教授；2013 年 4 月 6 日晚上，访谈了我国信息技术课程专家、高中信息技术课程标准研究组负责人、南京师范大学 LY 教授；2013 年 4 月 7 日中午，访谈了信息技术课程专家、北京大学附属中学信息技术教师 LDM 老师。笔者访谈的教研员：辽宁省基础教育教研培训中心 YJX 老师、WXY 老师。笔者与每位专家和教研员的访谈都进行了 1 小时以上，保证了访谈的问题都已经得到充分的回答。

3. 访谈数据的处理与分析

对访谈数据的处理，主要的工作就是进行录音资料的文字转换工作。笔者首行会先听一遍访谈者的录音，然后在听第二遍的时候全部原样地将访谈者的提问与被访谈者的回答转换为文字。笔者反复多次阅读转换后的访谈资料，在与研究问题相关或重要的内容上进行标注，并不断记录对此的理解与想法，这样可以为问题的解决提供重要的参考信息。

在反复阅读文本资料，与访谈文本资料进行对话的过程中，笔者时刻思考文本资料与本书要解决的问题之间的关系，并将资料与信息技术课程相关理论进行“关联”，以便从已有理论中更加深刻地认识访谈资料所带来的信息，发现对达到研究目标有价值的问题。

（二）问卷法

问卷法属于定量研究，其目的在于得到统计学意义上的数据，通过向被调查的人提出问题来收集信息，被调查人的回答就是将要分析的数据。而问卷法不能面面俱到，收集到的数据只能通过抽样的方式表达总体的某些属性，这些抽样后的数据，就是样本。对我国信息技术课程现状开展问卷调查，是从课程实施层面考察我国信息技术课程发展的现状，能够获得课程现状的一手资料，获得学生对课程实施效果的感受和观点，能够从学生体验课程的角度回答研究问题。

影响或制约课程发展的因素主要是社会、知识、人才。因此，在现状调查部分，将社会、知识、人才映射到本书中，可以从信息技术的影响、课程的实施、学生的诉求三个维度来进行调查设计，并将这三个维度所延伸出来的问题，通过各类课程主体或参与者的视域来呈现。本书从中医的“望”“闻”“问”“切”四诊获得灵感，将这几种方法综合运用，通过对教师的“望”，对学生的“闻”，对专家的“问”，来为我国信息技术课程发展的现状“把脉”，具体情况参见表 2-3。

表 2-3　调查的设计

调查维度	调查问题	调查对象	调查工具
信息技术的影响	社会的信息化水平 学生的信息化生活	学生	调查问卷
		专家	访谈提纲
课程的实施	课程的目标与定位的适切性 课程的内容与体系的合理性 课程评价的可行性 教与学的方式	教师	观察笔记 调查问卷
		学生	调查问卷
		专家	访谈提纲
学生的诉求	学生对信息技术课程的期待	学生	调查问卷

1. 问卷的设计

本书问卷的设计是在研究者、教师与学生的通力合作下完成的，并在 LS 中学小样本的预测试调查后，经过修改而设定。

根据调查的问题，笔者分别设计了《“我国信息技术课程发展路向”调查问卷（学生卷）》《“我国信息技术课程发展路向”调查问卷（教师卷）》，详见附录 E 和附录 F。问卷既有结构性问题也有开放性问题。

学生问卷有四类问题：第一类问题是学生在课堂之外的信息技术使用体验及其对信息技术课程的学习产生的影响；第二类问题是信息技术对学生的影响，即学生的信息化生活；第三类问题，探讨学生的学习现状和信息技术课程的适切性；第四类问题，即开放性问题，学生对信息技术课程的期待。

教师问卷有三类问题：第一类问题是课程的开设情况；第二类问题是课程的实施情况；第三类问题，即开放性问题，教师对信息技术课程的修改建议。

2. 调查对象

可以作为研究对象的个案应该让研究者能够从中了解到最多的信息。[①]因此，为了解最多的关于信息技术课程发展现状的信息，笔者以辽宁省为研究的个案，对辽宁省高中信息技术教师和学生进行问卷调查。此外，辽宁省还具有一定的代表性，其主要优势有两方面。

（1）辽宁省的地域优势。辽宁省位于我国的东部地区，在全国经济发展中处于中等水平，在此经济基础上，辽宁省教育情况较好，根据辽宁省的教研政策，信息技术教研工作划分为东部、中部、西部、南部4个片区。因此，本书以划分的4个片区为依托，从每个片区选择一个市进行调研，其中东部片区选择DD市，中部片区选择SY市，南部片区选择DL市，西部片区选择CY市。这几个城市也处在辽宁省几个不同的经济带上，教育状况也具有一定代表性，能够反映辽宁省信息技术课程发展的基本情况。

（2）辽宁省的教育优势。辽宁省是研究者的所在地，是在全国率先开展中小学计算机教育的省份之一，经过多年的发展，中小学计算机教育有了较大的进步并取得了一定成绩。作为信息技术课程研究者和信息技术兼职教研员，笔者曾多次参与辽宁省信息技术教研活动，并主持了辽宁省经济社会发展课题与辽宁省教育科学“十二五”规划课题的研究，研究对象都是信息技术课程，因此对辽宁省的信息技术课程现状比较了解，对辽宁省的信息技术学科教研员和相关教师比较熟悉，有利于研究工作的开展。

3. 抽样原则

调查样本范围选择考虑到地区的差异、学校的差异、被调查者身份的差异。

学生问卷：每市随机选择两所学校，每所学校选择1个班级。

教师问卷：每市的所有高中信息技术教师。

4. 数据的处理与分析

学生问卷抽样总数899份，有效回收850份，有效回收率为94.5%；教师问卷抽样总数88份，有效回收86份，有效回收率为97.7%。问卷收集的数据经编码处理与数据录入，以SPSS 19.0和Excel 2013软件为结构化问题数据的统计分析工具，以NVivo 8.0软件为开放式问题数据的统计分析工具，以大量图示或表格呈现分析结果。

三、民族志研究法

（一）民族志研究的作用

民族志（Ethnography）是人类学家开展研究的主要工作方式。民族志又叫人

① 解月光. 2007. 普通高中技术课程实施个案研究. 长春：东北师范大学博士学位论文.

种学或人种志，它“主要包括那些发生在某一群体生活中的事件的描述”[①]。

“无论研究者如何增加被试的人数和调查问卷的长度，这些数据都无法提供处于一定情景中的研究对象实际行为的完整画面。”[②]为了防止研究者在大量的数据中迷失，从而使研究对象被研究数据所掩埋，在教育研究中，用人类学的视角来处理问题，即采用一种整体的方式，对实际情况与当事人所描述的情况或想当然的情况进行区分，或对那些显而易见的事情进行确认。民族志研究法就能承担这样的重任。民族志的研究在于对“人”的行为进行描述与分析。相对于调查研究方法所给出的角度，民族志研究法又提供了另一种角度，即由研究者来观察研究对象的实际行为。民族志研究不能忽略研究对象的工作和生活背景，这些都将对他的工作产生影响。“民族志方法作为一种社会研究方法提供了关于制度、正式组织和政策制定者的总体信息，并因此在近年来享有新的声誉。”[③]对民族志深描也是折射课程变迁的重要工具，因此，当课程和教师相互作用时，我们就既能够“遭遇单个个体，听到发生在特定地点的充满细节的事件”，也能够“以小见大”，通过“特别的个体和特别的事件”展示系统的力量。

以质性的民族志研究法与调查研究方法互补，本书主要关注的是作为一个职业群体的信息技术教师的工作和生活及其所体现的人与课程的互动，其重心放在行为和观念上，尤其是他们对信息技术课程的适应或对抗的关系上，通过对发生在某一所学校中的与某位信息技术教师相关的事件的记录与分析，形成观察笔记，在课程实施的教师层面，深入地透视“我国信息技术课程发展的现状”。

（二）观察笔记的生成过程

1. 进入研究现场

2015 年 3 月，笔者的工作发生了一个重要变化，工作地点暂时从原来的 S 大学的某学院转换到了 S 大学的基础教育教研中心。中心规定初到单位的人员，只要没有中小学教学经历的，必须有半年的中小学见习经历，因此，笔者被分配到了位于 S 市的 LS 中学进行为期半年的基层学校见习工作。LS 中学的前身是一所实验学校，是新中国第一所实验学校，后来的各省实验中学都是照着 LS 中学的模式建校的。该校的第一任校长由省长兼任，国家非常重视这所学校的成长。经过几十年的发展，LS 中学已经积累了深厚的校园文化底蕴，形成了独具一格的教

① 袁振国. 1996. 教育政策学. 南京：江苏教育出版社：401.

② 哈里 · F. 沃尔科特. 2009. 校长办公室的那个人：一项民族志研究. 杨海燕，译. 重庆：重庆大学出版社：XII.

③ 詹姆斯 · 克利福德，乔治 · E. 马库斯. 2006. 写文化——民族志的诗学与政治学. 高丙中，吴晓黎，李霞，等，译. 北京：商务印书馆：16.

与学的风格与特色。机缘巧合下，处于论文难产阶段的笔者，有 3 个月的时间在这所学校里，跟这里的老师无缝接触，让笔者萌生了论文中启用民族志研究的想法，以便让本书更具有生活气息。

2. 选择观察对象

笔者被安排在 LS 中学的计算机办公室，跟 WZ 老师和 GX 老师在一个办公室，笔者有自己的办公桌、计算机和其他办公设备。WZ 老师 1992 年毕业于东北师范大学计算机科学专业，毕业后直接到 LS 中学担任计算机教师，已经有 20 多年的教学经验，也经历了信息技术课程最关键的发展时期，目前他担任了教研室的组长，负责信息技术课程的组织和课时的安排。他为人诚恳、善良，对工作热情、负责，他的专业背景、工作经历正好符合我对研究对象的预设。说明笔者的研究目的后，笔者跟 WZ 老师的沟通非常顺利，因此，LS 学校的 WZ 老师成为笔者的观察对象。本书不仅关注信息技术教师这个特定群体，更关注一位教师在某一特定时期所表现出来的行为。同时，还会关注对他的工作和生活产生影响的人们，如他的同事（GX 老师）、领导（教务主任）、同学、学生及他的家人（他的儿子）。

3. 生成观察笔记

观察笔记使笔者对所发生的事情保持警觉，把所做的事情都记录下来需要付出必要的努力，有时这些努力又会受到各种因素的影响，如因无聊而产生的倦怠感、对研究的热情忽高忽低和患得患失，以及因为琐事而产生的劳累。有时发生的事情还会让人措手不及，只能草草记下然后事后补齐。笔者对自己记笔记定下了一些工作规范：第一，当天如果没有完成，在事后尽快做完；第二，将原始手稿保存；第三，观察笔记整理好之前，绝不重新观察。笔者对 WZ 老师的行为，不想设定一些标准，有时一个观察到的行为或可能的含义，会在事后的几天再回到意识中。

四、比较研究法

一个复杂的问题往往要求我们既要进行纵向比较，又要进行横向比较，这样才能使教育问题的研究有一定的深度。[①]比较研究法是将研究对象放在不同时期、不同环境下进行考察，从中寻找共同点与不同点，从而揭示研究对象的某些特性。我们所要求的，是能看出异中之同和同中之异[②]，就是人通过现象分析原因，从共性中揭示矛盾的普遍性，从差异中阐明矛盾的特殊性。[③]

对我国不同时期的信息技术课程及不同国家的信息技术课程进行比较研究，

① 裴娣娜. 1995. 教育研究方法导论. 合肥：安徽教育出版社：231.

② 黑格尔. 1980. 小逻辑. 贺麟，译. 北京：商务印书馆：253.

③ 裴娣娜. 1995. 教育研究方法导论. 合肥：安徽教育出版社：235.

可以找出其本质的特征和联系，有利于深化对信息技术课程和课程改革的认识。

（一）纵向比较

要超越历史，就要研究历史，要把信息技术课程发展的路向这一研究问题放在有一定深度的历史发展过程中加以考察，分析信息技术课程对未来发展的历史贡献，从而探索信息技术课程发展的路向。如果将比较研究法和历史研究法结合起来研究某一对象，则可以帮助我们追溯历史，并发现历史进程中的规律和特点，这是一种纵向的比较方式，“我国信息技术课程发展的历史”研究，就是通过这种纵向的比较来获得信息技术课程历史发展过程中的特点。

（二）横向比较

此外，还可以通过横向比较的方式来发现区别与联系，国内外的信息技术课程都有自己国家的鲜明的发展特色，而它们之间既有联系，又有区别，因此，可以通过比较研究法来揭示国内外信息技术课程发展中的共性，从而为我国信息技术课程未来的发展路向寻找思路和启示。本书通过中国与美国、英国、日本、印度四个国家的信息技术课程发展历程与趋势的比较，把握各个国家在宏观层面课程取向发展上的异同性和中观层面课程各要素的异同性，从而为我国信息技术课程发展的路向提供借鉴与指引。横向的区域跨度主要侧重于美国、英国、日本、印度四个国家，这四个国家分布于美洲、欧洲和亚洲区域，既有发达国家，也有发展中国家。发达国家，如美国、英国、日本代表了信息技术课程发展的最前沿，而发展中国家印度则与我国的国情和发展都很相似，两国在社会发展中遇到的问题也有很多共同之处，这些社会发展的要求反映在信息技术教育领域，使得两国面临着一些共同的信息技术课程发展问题。

第四节　研究流程

本书研究流程分为四部分：背景分析、问题解决、理论加工、得出结论。

在“背景分析”部分，笔者将通过文献研究的方法，对我国信息技术课程发展所处的宏观背景和面临的现实问题进行分析和评述，找到本书的研究问题和研究方向，并对“信息技术课程”“课程发展”等关键概念进行界定。

在“问题解决”部分，笔者将通过历史研究法、比较研究法、调查研究法和民族志研究法等主要研究方法，解决本书中的两个子问题。“我国信息技术课程发展的历史”将通过历史-逻辑的方式解决，这种方式不考虑历史发展过程中的细节及其他偶然因素，在相关的理论与概念的基础上，通过某种理论来揭示历史发展中的特点与规律。具体采用历史研究法、比较研究法两个研究方法为主，辅之以访谈法。“我国信息技术课程发展的现状”将通过调查研究的方式解决，具体采用调查研究法和民族志研究法。

在“理论加工”部分，笔者在对之前我国信息技术课程发展的历史与现状分析的基础上，对现实材料和理论进行逻辑加工整理，从而以严密的理论体系呈现研究内容。这是解决论文逻辑结构的呈现方式和解决本书的核心问题“我国信息技术课程发展的路向与策略”的重要方法。同时，笔者还会应用比较研究法，借鉴他国的发展经验，从而在探索我国信息技术课程发展的过程中获得更多启示。

在“得出结论”部分，笔者提出了本书的四个结论，并指出未来的相关研究问题和领域。具体的研究流程见图2-3。

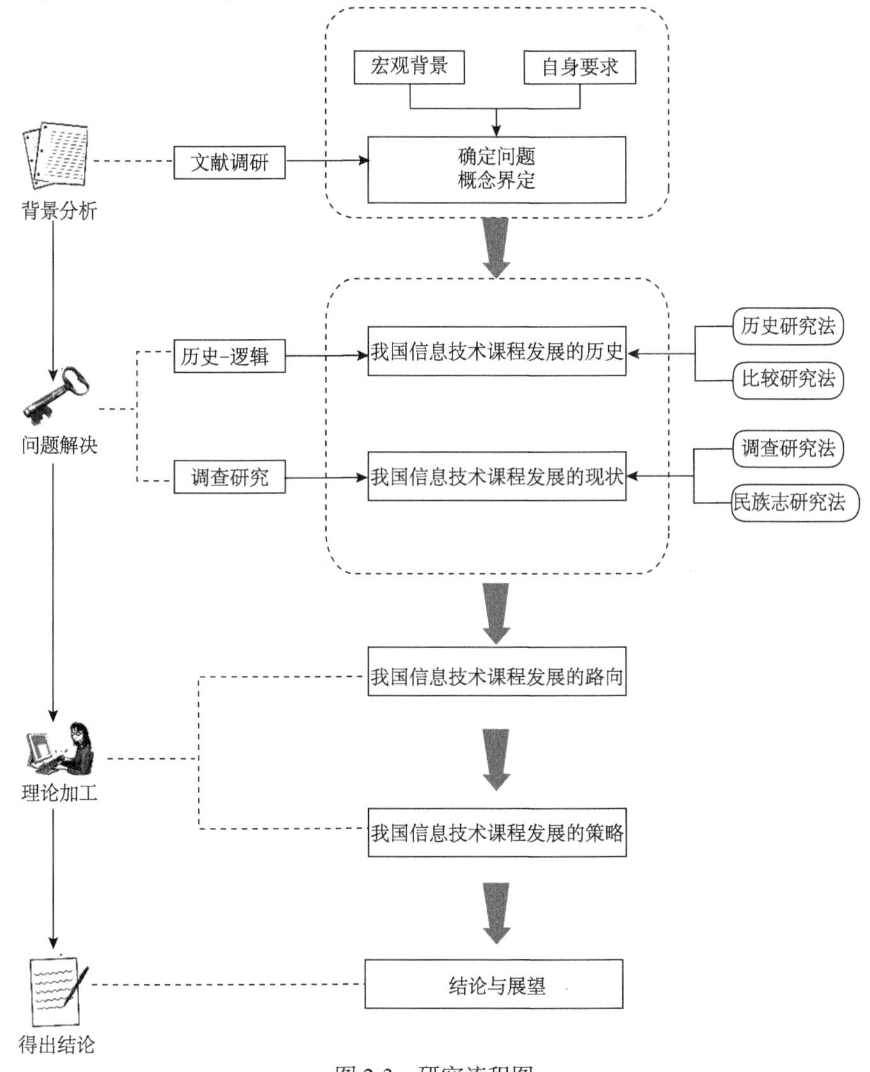

图2-3　研究流程图

出于研究规范的需要，书中将所研究的个案学校和被调查者都赋予一个学名，由于涉及面广，以字母组合表示，如 LS 学校，即取自本书中辽宁省某中学的其中两个首字母。对于被调查的人名也做同样的处理，如李明（化名）老师，则为 LM 老师。由此带来的对被研究者的冒犯和阅读者的不便，在此谨表示歉意。

第三章　国外信息技术课程的嬗变

考虑地域特征和国情，本书选择了美国、英国、日本、印度四个国家作为信息技术课程比较的研究对象。从地域上来讲，美国位于美洲，英国位于欧洲，日本和印度位于亚洲；从国情上来讲，美国、英国和日本都属于现代化的发达国家，而印度和我国一样同属于发展中国家。下面将以前瞻和平行的视角来观察四个国家信息技术课程的嬗变。

第一节　美国信息技术课程的发展历程

由于地方分权的政治制度，美国的中小学信息技术教育样态丰富多元，为中小学信息技术教育的发展提供了一个坚实的基础，美国在基础教育信息化方面也一直走在世界前列。

一、美国信息技术课程发展的背景

美国信息技术教育发展主要缘于美国信息产业人才短缺、美国国家教育信息化战略及美国基础教育课程改革。虽然美国于2008～2012年新增150万个与计算机有关的工作岗位，但信息技术人才仍处于短缺状态。因此，国际计算机协会（Association for Computing Machinery，ACM）强烈呼吁在高中阶段将计算机科学作为一门独立学科开设，以此来满足对不断增长的信息产业劳动力的需求。美国为推进教育信息化，出台了一系列相关政策与具体举措，为信息技术课程提供了坚实的物质保障、理论与实践的指导，极大地推动了美国中小学的信息技术教育。美国曾先后发起过“学科结构运动”“回归基础教育运动”“高质量教育运动”等一系列旨在提高学生文化知识水平、加强学生学术素养的课程改革运动。近年来，美国科学促进会的《美国2061计划》，老布什政府的《2000年的美国——一种教育战略》、克林顿政府的《2000年目标：美国教育法》、小布什政府的《不让一个孩子掉队》、奥巴马政府的“力争上游计划”，也都一如既往地延续同样的宗旨，但由于地方分权体制监督、儿童中心主义教育思潮过盛等影响都未取得预期效果。因此，美国中小学课程改革的重心一直反复强调学生学术能力的培养和强化国家统一的教育意志。美国的信息技术课程就在这个过程中形成了多元的形态。

二、美国信息技术课程的历史

在美国，由于教育活动并不受联邦政府的直接领导，地方化的教育政策不尽相同。50 个州与超过 15 000 个学区都有自己独立的政策。因此，信息技术课程的状况比较复杂，是多种称谓与类型并存的状态，可以分为教育技术课程、计算机科学课程、信息素养课程、行业组织信息素养课程等类型。

（一）作为学习工具的教育技术课程

美国国际教育技术协会（International Society for Technology in Education，ISTE）制定了一系列的标准，如“国家学生教育技术标准”“国家教师教育技术标准”“国家学校管理者教育技术标准”等，一直是美国各州设置信息技术课程、发展教育信息化的重要参考准则。1998 年的教育技术标准让学生“学习技术”，2007 年的教育技术标准让学生“用技术学习”，2016 年 6 月，ISTE 公布了新版“国家学生教育技术标准”，标准要求学生成为授权学习者、数字公民、知识建构者、创新设计者、计算思维者、创新沟通者、全球化合作者。该标准指出“今天的学生必须学会在不断发展的技术环境中成长”①，学生应该“用技术进行变革性的学习”，新公布的标准中将计算思维的培养作为学生的一项重要能力，也是多年来标准所产生的标志性的变化。

（二）以计算机科学为核心的计算机科学课程

美国计算机科学教师协会（CSTA）是属于美国计算机协会的专业机构，该机构一直致力于改善特别是高中阶段的计算机科学教育，呼吁在中小学致力于建设一门独立的、严谨的计算机科学学科。

2003 年，CSTA 公布了“K-12 阶段计算机科学课程示范模型”（第二版），目的是为美国各州教育部门与学区提供一个框架，以满足学生在 21 世纪就业与个人发展的教育需求。2011 年 CSTA 公布了 CSTAK-12 计算机科学标准。②这份文件提供了一个贯穿小学、中学的 K-12 计算机科学教育的全面标准，以此应对现代世界中学课程与计算机技术快速增长之间的内在学术联系，同时也满足受过良好教育的、能有效地使用技术的公众参与信息社会建设的需求。课程内容包括“计算思维”“合作”“计算实践与编程”“计算机与通信设备”“社区、全球与伦

---

① ISTE. 2016. Redefining learning in a technology-driven world: A report to support adoption of the ISTE standards for students. http://www.iste.org/docs/Standards-Resources/iste-standards_students-2016_research-validity-report_final. pdf?sfvrsn=0. 0680021527232122 [2017-04-05].

② CSTA. 2016. CSTA_K-12_computer science standard. http://www.csta.acm.org/Curriculum/sub/CurrFiles/CSTA_K-12_CSS. pdf[2016-04-18].

理的影响”为主线的五个方面。

CSTA 于 2016 年修订了 K-12 计算机科学课程标准。CSTA 认为，计算机科学教育是一个动态发展的学科，修订版就是为了适应这些变化。新版 K-12 CS 标准主要是为了向全体学生从小学开始介绍计算机科学的基本概念，提出计算机科学的中级水平，修得计算机科学学分；提供中级水平也将允许有兴趣的学生为了未来高等教育和职业发展进行深度学习。其中，9～10 年级的标准被分为 5 个概念标准：计算思维，合作，计算实践与程序设计，计算和交流设备，社区、全球和伦理影响。这五个概念是置于目前正在开发的 K-12 CS 框架之下，包括计算系统、网络、算法和程序、数据与分析、计算的影响。

（三）培养信息素养的信息素养课程

由于美国中小学都有完备的图书馆系统，如何使用图书馆、更好地利用图书馆进行学习也是美国中小学课程的特色之一，因此，还有一类注重培养学生“信息素养”的图书馆课程。1998 年美国图书馆协会和教育传播与技术协会（Association for Educational Communications and Technology）共同出版了《信息力量：创建学习的伙伴》（*Information Power：Building Parterships for Learning*），其中提出了学生学习的信息素养标准，指出学生应具有的素质目标。此标准从信息素养、独立学习和社会责任三个方面明确列出了信息素养的九大目标。[①]2007 年 11 月，美国学校图书馆馆员协会（American Association of School Librarians，AASL）发布《21 世纪学习者标准》。在 1998 年版的《学生学习信息素养标准》的基础上，《21 世纪学习者标准》进一步扩展了信息素养的内涵，包括数字、视觉、文本和技术的素养。这些都是在信息丰富的社会中对学习者非常重要的素养。《21 世纪学习者标准》承认信息素养在学生学习中的作用，但同时也强调学校图书馆媒体课程也能提升学生多方面素养。

三、美国信息技术课程的现状

（一）课程取向体现社会、人、科学三者的平衡

计算机科学支持着技术部门，为国内经济发展和其他经济部门做出了巨大的贡献，这些经济部门依赖具有创新、高技能的计算机科学毕业生。计算机联系着每个人的日常生活。维护数字化设施、选举投票、保护国家安全及使我们的能量设施更有效等许多问题都依赖于计算和具有计算专业技能的工作者。学生获得更

①AECT. 1998. Information literacy standards. http://www.ala.org/ala/aasl/aaslproftools/informationpower/InformationLiteracyStandards_final.pdf[2016-04-05].

深层关于计算的基础知识，掌握信息技术融入生活、学习。这些关键性的基础知识与基本技能对学生的终身学习意义重大。计算机科学教育以布卢姆（Bloom）认识分类学中的高级认识能力为基础，包括设计、创新、问题解决、针对问题分析多种可能的解决方案、合作、呈现技能。计算机科学培养了学生的逻辑思维和问题解决技能，这些技能可以用于解决现实世界中的问题：数学或其他方面。此外，那些在高中阶段学习过计算机科学并具有前期技术经验的学生，就能很好地为以后的学习做好准备。

（二）美国信息技术课程内容丰富多彩

基于美国国家管理体制的特点，美国中小学信息技术教育的开展也是各州为政，因此中小学信息技术教育目标呈现出不同的追求。例如，以培养学生综合信息运用实践能力为目标的 ISTE“国家学生教育技术标准”，以计算机科学学习为目标定位于培养信息产业人才的“CSTAK-12 计算机科学标准”，以信息素养为培养目标定位于 21 世纪学习技能的美国学校图书馆馆员协会的“学生学习信息素养标准”，体现了美国信息技术教育开展的多样性。

行业组织的一些课程其实也属于信息素养课程的一部分，但由于伴随信息产业发展，出现了各种各样社会问题，很多行业组织根据社会发展需要，为教师、图书馆员、管理者、父母开发很多培养学生 21 世纪学习技能的课程，其特点是以信息社会问题为中心，形成美国信息技术课程的一个特色。美国很多行业组织开发出丰富的相关课程，如微软公司为用户提供计算机安全、隐私和在线安全问题，思科公司专门为青少年提供有关网络欺侮、密码、评估网站的话题讨论，负责任地安全使用互联网中心（Center for Safe and Responsible Internet Use）也有很多资源指导父母、教师解决个人网络安全、网络安全防范、伦理方面的问题，迈克菲公司、赛门铁克公司、网络欺侮研究中心（Cyberbullying Research Center）、身份盗窃资源中心（Identity Theft Resource Center）等都有针对性的课程。其中，美国国家网络安全联盟（National Cyber Security Alliance）的 C-SAVE 课程、网络机智（Cyber Smart）的 SMART 课程、常识媒体（Common Sense Media）的数字素养与公民课程都是比较具有代表性的课程。

（三）美国信息技术课程设置与实施途径多样化

根据各州的不同的政治、经济、科技发展水平，美国中小学信息技术教育课程设置方式也复杂多样，主要可分为四种形式：一是开设与技术相关的课程，名称多样，以与职业相关的计算机科学、技术素养为主。二是在其他学科教学或活动中融入与信息技术有关的知识与内容，具体的情况更为复杂，即使独立开课，各州课程的名称和内容也不尽相同，而整合更是存在着多种方式和途径。三是注重培养学生“信息素养”的图书馆课程。由于美国中小学都有完备的图书馆系统，如何使用图书馆、更好地利用图书馆进行学习也是美国中小学课程的特色之一。四是美国一些行业组织开发的相关课程。很多行业组织根据社会发展需要，为教师、图书馆员、管理者、父母开发很多培养学生 21 世纪学习技能的课程，这些课程由学生与教育者自由选择。

除了行业组织开发的相关课程外，各州信息技术教育课程标准在 K1-8 阶段多以整合的形式为主，将技术应用整合于其他学科的学习中；在高中阶段形式多样，内容也不尽相同。美国大约 2/3 的州没有高中计算机科学教育标准，K1-8 年级计算机科学教育标准也很混乱，几乎没有州将计算机科学作为学生毕业的核心学术课程，只有 9 个州将计算机科学课程列入必修毕业学分，融入科学或数学中。此外，即使国家宏观的教育研究号召所有的学生在高中学习一些计算机科学，当前也几乎没有州将计算机科学课程作为学生的毕业必需条件。因此，美国中小学信息技术课程在整个国家课程体系中不明确的地位使得信息技术教育实施显得混乱复杂，如图 3-1 所示。

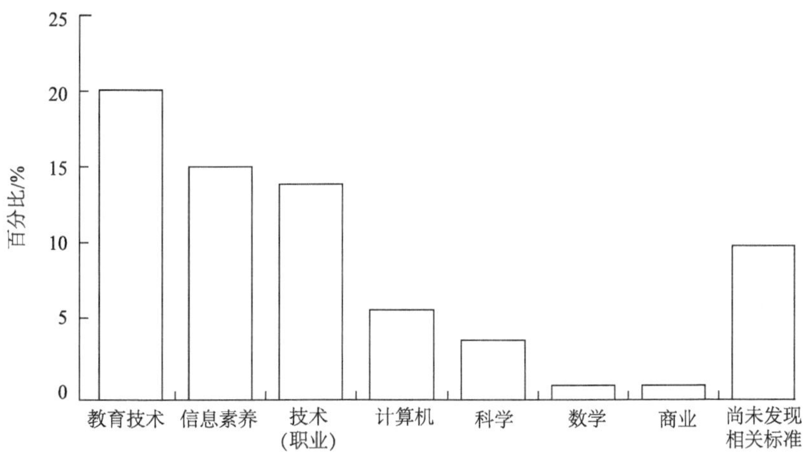

图 3-1 美国 51 州（特区）信息技术教育课程标准设置简图

如康涅狄格州在高中除了以课程整合的方式开展信息技术教育外，一些学校还独立设置了供学生选修的计算机课程。州教育部也将此类选修课程作为技术教育领域的选修学分，该学分可作为学生毕业要求的一部分。表3-1是康涅狄格州对高中毕业的学分设置。

美国中小学信息技术教育主要有三种途径：第一种是工具，将信息技术作为学习工具；第二种是合科，美国高中课程常常在技术、科学、商业等领域里面有单独计算机科学的学习内容；第三种是融入，信息技术只是知识单元或知识点出现在其他学科、科目中。

表 3-1 康涅狄格州高中毕业学分设置

领域	学科内容		学分	领域学分
STEM（科学、技术、工程、数学）	数学	代数 1，几何，代数 2，微积分	4	8
	科学	生命科学、化学科学、物理科学、地球科学	3	
	STEM 选修（必须要选）	数学选修、技术、工程和其他课程	1	
人文	英语	语言艺术 1，语言艺术 2，文学与写作	4	9
	社会科学和艺术	国际研究，美国历史，艺术（音乐，美术）	4	
	人文选修（必须要选）	英语、世界语言、社会科学	1	
职业生命技能	职业生命技能	综合健康教育，体育	1.5	3.5
	选修（必须选）	职业和技术教育，世界语，社区服务等	2	
开放性选择			3.5	3.5
兴趣经验			1	1
共计				25

例如，乔治亚州的信息技术教育课程属于合科的一种形态，其职业、技术与农业教育课程共有十个方面的课程，包括商业与计算机科学课程。商业与计算机科学有九个职业路径（career paths）课程，涉及信息技术方面内容的有“管理/信息支持、计算机网络、计算机系统与支持、计算机、互动媒体、其他商业与计算机科学课程”，其中管理/信息支持的职业路径课程中含有计算机应用 I 和计算机应用 II 的课程。

四、美国信息技术课程发展的趋势

在美国，由于缺乏国家课程与教师认证标准，信息技术课程在质量和数量上存在巨大差异。此外，管理者缺乏了解这一复杂和不断变化学科的性质和重要性，导致了作为高中课程一部分的计算机科学学时的减少。鉴于计算机科学课程的招生在各级教育水平上的缩减和对世界范围内高科技工作者短缺的预测，人们开始致力于改善特别是高中阶段的计算机科学教育，使众多学生能有机会审视自己在这一领域的兴趣和能力。

（一）建设一门独立的、严谨的计算机科学学科

在 K-12 阶段，怎样才能将计算机科学介绍给他们的孩子？如何要求学校超越当前的基本技术素养课程？面对这样的挑战，应依据学科教学基本原理，确实使计算机科学课程成为核心课程的一部分，通过使之成为核心学术学科（subjects）之一，确保大多数学生有机会接触计算机课程，并在 21 世纪取得成功。

（二）制定小初高连贯的计算机课程标准

美国教育中所存在的严重不平等意识迫使政府不得不通过立法的形式保证教育质量，督促学校、教师达到州教育标准，更加负责任地教学。事实上，教育中的不平等更多地发生于生活水平较低的校区。在这种情况的压力下，标准成为教师日常教学的一部分。教师被要求基于标准设计教学，通过引用适当的标准来讨论和判断课堂教学活动。不同州，在一些学科领域，尤其是核心课程（数学、科学等）中存在的巨大差异引起了相关部门的关注，这也推动了各州共同核心标准的创建。国家研究委员会最近也发布了一个关于科学、工程和技术概念的框架草案。ACM/CSTA 计算机科学标准就是努力寻求提供一个类似数学、英语语言的国家标准框架，以便于各州和地区采纳。标准不仅是州对教师和学生的教与学的期望，它也建立了一个根本的等级体系，影响着教育管理者怎样选择和分配资源。一些有课程标准的学科就比那些没有课程标准的学科在一定程度上更容易享有特权。这种差别对学术和职业成功起到了决定性的作用。

（三）信息技术课程学习方式加速变革

美国的信息技术课程教学方式，除了常规课堂中应用常规教学策略，还有大量的在线环境，利用多种形式的资源进行以学生为中心的探究合作学习。Web 2.0、在线的虚拟学习正迅速改变着学生的学习方式。

第二节　英国 ICT 课程的发展历程

英国包含英格兰、威尔士、苏格兰与北爱尔兰四个区域，它们各自拥有自己的教育体系。尤其明显，英格兰与苏格兰的教育制度甚为不同。英格兰、威尔士、苏格兰及北爱尔兰在教育体系与制度上虽有差异，但彼此之间的关系也处于相互转变的过程之中。一方面，针对英国这四种教育制度的异同予以比较分析的文献颇少；另一方面，国际上对英国教育制度的探讨亦大都专注于英格兰。因此，对英国中小学信息与通信技术课程的介绍以英格兰为主。

一、英国 ICT 课程发展的背景

（一）英国基础教育信息化

英国基础教育信息化，主要是指信息与通信技术在基础教育中的应用，目的在于把信息与通信技术有效地整合于基础教育领域。英国基础教育信息化的主要目的有两个：一是培养学生信息与通信技术能力；二是在教学中应用信息与通信技术以提高教育质量。[①]

英国基础教育信息化建设走的是国家路线，进入 21 世纪以来，英国政府先后出台多个相关性政策文件以支持教育信息化的发展。英国政府希望到 2020 年，每所学校都能发展成一个低成本、高质量的、可靠的、可持续的发展学校，运用技术实现最大价值。2008 年，英国教育传播与技术署（BECTA）发动的“下一代学习运动”（next generation learning campaign），是英国政府以技术促进学习国家信息化教育战略的一个重要组成部分，力争把信息技术教育推向全国，确保英国在全球的教育竞争力。[②]下一代学习运动主要是针对父母或法定监护人、用人单位和学习者提出的，以增强他们将技术运用于教育的意识，促进他们更加关注技术，目的是让学生、家长和雇主了解在学习中应用信息技术的益处，促使技术为所有学习者带来最好的学习体验和效果，让他们对教育和培训的提供者提出更高的要求。这样使得每个人都能从技术中获得最大的好处，改善学习，提升技能，优化知识，最大程度上发挥他们的潜能，从而达到更高的成就。

英国政府希望通过共同合作的方式，建立完全自信的使用技术的教育和技能系统，让所有学习的参与者（包括那些有学习障碍或特殊需求的学习者）通过技术都具有良好而自我改善的能力，随时随地利用学习资源进行学习，培养学生深层次学习能力和高阶思维能力，为学生的个性化学习需求提供技术服务和支持。下一代学习运动主要从以下六方面来提高教育质量：①完善学校。制定一项运用技术提高学习者学习效率的策略，并遵循这项规定。②可持续发展计划。平衡关于技术的经济、社会和环境各方面以促进学习。③获得最佳价值。以正确的支持和适当的价格获得安全可靠、符合目的的技术。④保护学习者上网。保护、教育和增强所有人以实现安全上网。⑤激励家长参与。确保家长能够访问和使用技术，对子女学习产生积极影响。⑥促进学习个性化。支持学习者高效、鉴别地使用技

① 刘向永，董玉琦. 2001. 英国基础教育信息化现状及其分析. 中国电化教育，(7): 10-13.

② 李凡，陈琳，蒋艳红. 2011. 英国信息化策略“下一代学习运动”的发展及启示. 中国电化教育，(6): 39-47.

术以满足个人需求。[①]

下一代学习运动的战略重点由基础设施环境的建设向应用水平和效益的提高发生转移，更多是围绕如何利用技术为个人的潜能最大限度发挥服务进行。下一代学习运动的整个实施过程一直将以学习者为中心的理念贯穿始终，并明确提出与政府、学习者和供应商开发一个可定制的学习权利框架，以满足不同环境中的不同年龄段学习者的需要，学习者提供学习工具、在线支持、可定制资源及技术指导，以提高学生的学习能力，拓展非正式学习，实现个性化教育。

2010 年 5 月，由 BECTA 组织进行了技术促进下一代学习的效果调查《技术在学校中应用调查（2010）》（*Harnessing technology school survey：2010*）[②]和《技术在学校中应用调查：学习者报告（2010）》（*Harnessing technology school survey：Learner report，2010*）[③]，以了解学校及继续教育和技能部门中技术的使用对管理、教学、学习产生的影响。自下一代学习运动开展以来，信息技术在教育及相关产业中的应用取得了巨大的进展，2010 年英国的小学生机比为 6.9∶1，中学生机比为 3.4∶1，而特殊教育学校生机比为 3∶1。家庭计算机的数量不断增长，2010 年英国家庭中每户计算机的平均数量为：小学生家庭 2.2 台，八年级学生家庭 2.5 台，十年级学生家庭 2.7 台。家庭计算机接入互联网的比例也不断增加，2009 年有 94%中学生和 91%小学生家庭接入，到 2010 年则上升为 97%中学生、94%小学生和 97%特殊教育学校学生家庭接入互联网。在学校，学生应用信息技术于许多学习活动中。小学生最有可能利用技术来写一些东西（48%），其次是制作图表（35%）。中学生则利用其创建演示文稿（八年级 51%，十年级 54%）。

学生有效利用信息技术提高学习效率是下一代学习运动的重要目标。学生必须具有一定的信息素养，掌握信息技术的基本操作与技能，创造性地应用信息技术。使用信息技术的熟练与自信程度直接反映了学生应用信息技术的水平。与2009年同期水平相比，2010 年学生在使用技术的能力和掌握的知识方面都有了较大的增长，增长幅度最大的就是知道如何发送上传附件的电子邮件。而2009 年36%的男生和32%的女生都不知道如何完成该任务，2010 年55%的男生和54%的女生都已熟练掌握这一技能。

英国教师在课堂中经常使用各种形式的数字学习资源进行教学活动，主要有

---

① BECTA. 2009. Enabling next generation learning enhancing learning through technology. http://webarchive.national archives.gov.uk/20101102103654/publications.BECTA.org.uk//display.cfm?resID=39140&page=1835.ID=39140&page=1835[2017-05-11].

② BECTA. 2010. Harnessing technology school survey:2010. http://www. bee-it. co. uk/Guidance%20Docs/becta%20Files/Official%20Statistics/01e%20BECTA_htss_ict_lead_teacher_revised. pdf[2011-03-08].

③ BECTA. 2010. Harnessing technology school survey:Learner report, 2010. http://dera.ioe.ac.uk/1555[2011-03-08].

交互式电子白板、图像和文本书件、演示文稿等。数字资源大多用于课堂，尤其是演示或示范，最常见的就是新课程的教授。已有超过一半的教师每周都会围绕课程和作业通过 ICT 上传和存储数字化学习资源，同时也会要求学生使用计算机或互联网来完成作业。2009 年 51%的小学和 91%的中学教师在布置作业时都会要求学生使用计算机，2010 年，这一比例上升到 77%和 96%。同样，2009 年，58%的小学和 93%的中学教师布置作业时要求学生使用互联网，到 2010 年这一比例上升到 78%和 97%。

（二）英国国家课程改革

迫于近年来英国教育整体质量下滑，教育不公平现象突出，教育公共投资不足，学校教学质量每况愈下，优秀教师流失严重，学生行为习惯失范等形势，英国卡梅伦联合政府上台后积极回应民众要求，将教育列为政府工作的关键议程，于 2010 年 11 月 24 日制定并颁布了首份全国性教育报告——《教学的重要性：学校白皮书 2010》（简称《教学的重要性》），从而拉开了教育改革新政的序幕。联合政府将从改善学校教学管理、加强学生行为规范、推进课程评估改革、创建新型学校制度和加大学校经费投入等几个方面来推进基础教育阶段学校教育制度的全面革新。其具体内容包括：第一，通过改善学校教学管理，创建世界一流的教师队伍；第二，通过加强学生行为规范，营造安定的校园学习环境；第三，通过推进课程评估改革，构建多元的课程体系和科学的考试评价机制；第四，通过创建新型学校制度，培育自主管理、权责分明的现代化学校；第五，通过加大学校经费投入，促使每个学生都能享受公平而卓越的教育。《教学的重要性》主张将学校从政府集中式的管理中解放出来，强调教师在学校发展中的核心地位；提倡降低政府对学校管理的参与度；改革学校课程，更加严格地执行评价体系和资格要求；建立公平的教育经费制度，资助更多因家庭困难而辍学的学生；通过“学校带领学校”的发展方式取代自上而下的教育改革。①

在国家课程改革方面，《教学的重要性》明确指出，国家课程并非是所有学校都必须实施的大一统课程，而是确保所有学生都能掌握成为合格的受教育的社会公民所必备知识的基准。国家课程标准是教师教学的基准而不是束缚，是一个知识体而不是用来衡量教师取得的成果。国家课程的改革重心将聚焦于基础知识和基本概念，强调学生对基础学科的最基本的知识或核心基本概念的掌握和理解。②《教学的重要性》认为，国家课程标准应该清晰地设置学生在校期间必须要

① 蒋艳红，陈琳，李凡. 2012. 英国中小学教育改革最新动向——《教学重要性》白皮书解读及启示. 外国教育研究, (2): 83-89.

② 冯加渔. 2012 . 英国学校教育改革新愿景. 外国教育研究, (8): 40-46.

掌握和理解的重要知识点。为了课程教学贴近真实生活，教师需要一定的时间来设计课程，学生需要一定的时间来培养应用知识的能力。国家课程标准应该体现严谨性和高标准性，突出学科的核心知识。新的国家课程标准要更关注学科内容，突出学生必须掌握和理解的重要知识及将这些知识运用于实践的能力。在核心科目的教学中突出学生要掌握的知识，新国家课程标准在知识如何获取和如何传递方面有更大的自由度，将成为所有学校的教学基准；而且新国家课程标准应该足够短小、精确、权威，让家长能够清晰地了解学生在每个阶段必须要掌握的知识。[①]

英格兰现有的课程结构是1988年《教育改革法案》（Education Reform Act）出台时制定的。“学校课程”指每个学校中所有学生经历的整个课程，是国家课程、基础课程和地方课程的总和，表3-2总结了学校课程的不同组成部分。

表3-2　英国学校课程

课程分类	简要描述	法定基础	责任
国家课程	在法定的核心和基础学科中应该教授的本质知识（essential knowledge）。当前的法律要求国务大臣要公布所有核心和基础学科的学习纲要和成就目标	《英国2002年教育法》设置国家课程作为基础课程的一部分	学校恰当地实施法定的学习纲要
基础课程	其他学科中的课程要求。学校能够决定具体的课程特征	《英国2002年教育法》规定了基础课程的构成，包括国家课程、RE，性教育和职业生涯教育（现在是工作相关的学习）	学校恰当地实施相关要求
地方课程	对学习领域的补充（包括知识、理解、技能和态度，以及职业学习选择）及国家和基础课程中覆盖的学科内容的扩展和情境化	《英国2002年教育法》仅有规定传递宽泛和平衡的课程的责任。这包括有责任传递基础课程（包括国家课程）	学校和社区革新和决定额外的教育课程

二、英国ICT课程的历史

课程取向是人们对课程的总的看法和认识。[②]它是影响整个教育过程中的一个重要因素。课程取向作为一个认识课程的工具，可以让我们从一个较高的角度，全面地认识英国信息技术课程。科兹马认为信息技术课程（或计算机课程）在历史上存在着两种取向——专业取向和应用取向，专业取向课程是以掌握计算机本身为目的，强调掌握运行计算机的知识和技能，尤其是设计计算机软件的能力，

① 蒋艳红，陈琳，李凡. 2012. 英国中小学教育改革最新动向——《教学重要性》白皮书解读及启示. 外国教育研究，(2): 83-89.

② 马云鹏. 1998. 国外关于课程取向的研究及对我们的启示. 外国教育研究，(3): 38-43.

产生于20世纪六七十年代；应用取向课程强调学习计算机非技术的方面，课程的目标是教学生在个人和专业生活中有效地使用计算机，是20世纪80年代以来教授信息技术课程的主要策略。[①]历史上的英国ICT课程正是经历了从专业取向课程到应用取向课程的演变，其课程发展概况见表3-3。

表3-3　英国信息技术课程发展概况

时间	事件	课程名称
1969	一些大学的数学系为中学提供计算机课程以获得中等教育认证（CSE）	计算机（computer studies）
1972～1975	一些考试委员会陆续出台新的计算机课程教学大纲	计算机（computer studies） 计算机科学（computer science）
1980	教育部的“微电子教育规划”（MEP）实施，强调在学校课程中微电子技术的应用	微电子学（microelectronics）
1987	英国GCSE设置了“信息技术”课程，强调信息技术的应用	信息技术（IT） 计算机（computer studies）
1989	英国督学《5～16岁的信息技术》报告：信息技术应用应该在5～16岁课程中的各学科学习中	信息技术（IT） 计算机（computer studies）
1990	第一个国家课程将信息技术作为设计与技术课程的一部分，而不是单独的学科	信息技术（IT）
1995	第二个国家课程将信息技术作为一门单独的课程，该课程具有自己的教学计划和评估要求	信息技术（IT）
1996	《英国学校中的信息与通信技术》报告将ICT一词第一次介绍给大家	信息与通信技术（ICT）
1999	第三个国家课程确定ICT课程的基础学科地位	信息与通信技术（ICT）
2004	资格认证委员会（JCQ）在A-levels中分别设置了ICT和计算机两门课程	计算机（computing） 信息与通信技术（ICT）
2011	GCSE试行计算机课程	计算机（computing） 信息与通信技术（ICT）

（一）专业取向计算机课程的诞生

1988年以前，英国没有全国统一的课程，考试是制约学生选择课程和课程内容的主要因素。[②]1969年，一些大学的数学系为英国的中学提供中等教育证书

① T. N. 波斯尔斯韦特. 2011. 教育大百科全书——课程. 丛立新, 译. 重庆: 西南师范大学出版社: 21.

② 汪霞. 1998. 国外中小学课程演进. 济南: 山东教育出版社: 227.

（CSE）的计算机课程（computer studies），从此，英国的 ICT 课程诞生。进入 20 世纪 70 年代，一些考试委员会陆续出台新的计算机课程教学大纲，其中 CSE 的课程名称为计算机课程，中学高级水平考试（A-level）的课程名称为计算机科学课程（computer science），到了 20 世纪 70 年代末，计算机课程考试已经在学校流行开来。20 世纪六七十年代，英国 ICT 课程强调电子技术和汇编语言或高级语言的学习，而电子技术和编程语言则是计算机科学的两个主体内容，因此这一时期的 ICT 课程是专业取向的。

（二）应用取向 IT 课程的兴起

1987 年，普通中等教育证书（General Certificate of Secondary Education，GCSE）提供了一门叫信息技术（information technology）的新课程，这门课程强调信息技术的应用。同年，英国皇家督学（HMI）的一项调查也显示“计算机的学习本应该是令人兴奋和吸引人的，但是很多人的经历表明它有时是枯燥、乏味的”①，并在《5～16 岁的信息技术》报告中提出，信息技术应该在 5～16 岁课程中被应用，对信息技术或计算机有兴趣和能力的学生，信息技术或计算机应该成为一个选修科目。1990 年，第一个国家课程将信息技术设置为设计与技术课程的一部分内容。20 世纪 80 年代，随着信息技术的发展，信息技术在学习、生活中的应用成为课程的主要内容，应用取向的 ICT 课程逐渐兴起。

（三）应用取向 ICT 课程的巩固

随着课程地位的确定，英国 ICT 课程的应用取向更加明显，1996 年，史蒂文森受工党委托所作的调查报告《英国学校中的信息与通信技术》首次将信息与通信技术一词介绍给大家，并指出“目前学校中 ICT 的应用是原始的、没有改善的，希望全国都来促进 ICT 在学校中的应用”②。到了 1999 年，英国政府在接受了报告中的相关观点后，ICT 课程在第三个国家课程中正式成为和语言课程一样的通识课程，而且信息能力还与计算和读写能力一起成为一个人必备的基本能力。与此同时，考试与课程委员会（QCA）也参照国家课程颁布了 KS1 到 KS3 的考试计划，应用取向 ICT 课程的地位更加巩固。

---

① Department of Education and Science of Great Britain. 1987. NAFE: Non-advanced further education in practice: An HMI survey. Computing and Mathematics, 6:37.

② Royal Society. 2012. Shut down or restart? The way forward for computing in UK schools. http://royalsociety.org/education/policy/computing-in-schools/report/[2012-01-13].

三、英国 ICT 课程的现状

自 20 世纪 90 年代至今，应用取向的英国 ICT 课程已经实施了 20 余年的时间，虽然其国家课程的地位已经稳固，但是 ICT 课程的实施现状却不令人满意。英国皇家学会的报告《关闭还是重启？》显示，“目前的 ICT 课程虽然课程内容宽泛，且让教师鼓励学生并帮助学生发展对 ICT 的兴趣，但除了基本的如文字处理和数据库这样数字素养技术（digital literacy）外，很多学生没有受到所学内容的启发，也没有学到什么”①。英国 ICT 协会也认为“鉴于 ICT 已经改变了的职业和个人生活，所有学生都应该享有 ICT 变化带来的益处……但是，自 1999 年以来 ICT 国家课程作为一个‘大而全’的计划还没有被修订，让人感觉这个课程已经相当过时了”②。应用取向下的英国 ICT 课程凸显出以下几方面的问题。

（一）ICT 课程内容被误读

当下应用取向的英国 ICT 课程的价值定位是以信息能力培养为主，课程内容具有综合性和发展性，强调信息技术的应用，学生的全面发展，注重批判思维和主动精神，内容上涵盖了计算机科学及相关的应用技术。计算机科学是有关计算机系统如何工作、设计、组织和应用的，也是 ICT 课程学习的基础，但在课程实施中计算机科学却经常被忘记或忽略，从而导致“教学的结果偏向于如何用办公软件，而不是形成学生未来生活基础的知识”①，而 ICT 课程也被降低到了非专业教师都可以教的水平，培养的也是较低水平的数字素养和信息能力。ICT 课程在实施过程中的误读让很多学生对 ICT 本身抱有消极的看法，“很多学生从 KS1 到 KS4 都在重复着同样的学习任务”③，继而也影响学生以后的专业选择和决策。英国电子技能组织（E-skills）的一份报告显示，“很多学生对信息技术相关专业及职业的印象是重复、乏味、枯燥”④。

---

① Royal Society. 2012. Shut down or restart? The way forward for computing in UK schools. http://royalsociety.org/education/policy/computing-in-schools/report/[2012-01-13].

② Naace . 2011. Response to the royal society's call for evidence on computing in schools. http://www.naace.co.uk/1322[2011-04-04].

③ Ofsted . 2009. The importance of ICT: Information and communication technology in primary and secondary schools. http: // www. ofsted. gov. uk/resources[2009-03-01].

④ E-skills. 2008. IT and telecoms insight report. http://www.e-skills.com/research/research-publications/insights-reports-and-videos/insights-2008[2008-08-06].

（二）ICT 专业教师短缺

2010 年，英国教育部进行的一项学校员工普查显示，英国目前有 ICT 教师 18 400 人，平均每个学校有 1.5 名 ICT 教师，这些教师中有 35%拥有大学计算机科学、信息系统、软件工程和人工智能等相关专业学历证书，而 65%没有大学相关专业学历证书，而且所有这些教师中仅有 25%同时接受了大学教育和教师培训。[①]按照英国教育部的要求，这些教师中有 50%都是不合格的 ICT 教师，尤其缺少能够教授非基础性数字素养的教师。英国教育标准局（OFSTED）发现，学生本可以拥有良好的信息能力，并有可能超越教师，但是由于教师的学科知识不足，学生的良好状态不能保持而最终未能充分发挥学习潜力，而教师在学科知识上"最弱的部分是数据采集、数据操作和编程"[②]。ICT 教师专业知识的不足，既是当年专业选择留下的后遗症，也是 ICT 课程多年强调 ICT 应用积累的结果，如果再加上非专业教师教授 ICT 课程，ICT 教师队伍的专业化水平就会雪上加霜。

（三）学校基础设施不完备

学校基础设施包括技术设备和技术资源，它们是 ICT 课程实施的重要外部保障。虽然网络安全能够保证教学的顺利进行，但是英国很多学校为了网络安全的考虑常常不允许学生访问学校以外的资源，也不允许学生在学校的计算机上安装或运行他们自己选择或设计的软件，多数学校也不鼓励学生使用自己的笔记本电脑或移动终端。所有学校都应该提供适当的技术资源来支持 ICT 教学，如 Scratch、教育单片机包、机器人包等，虽然一些学校已经应用了上述的资源，但是还有很多学校没有应用。[③]学校的技术设备和技术资源本该服务于 ICT 课程，但是受到 ICT 教师自身水平和学校领导决策的影响，再加上应用取向的 ICT 课程只注重基本数字素养的培养，似乎不需要太多的设备和资源，这便为 ICT 课程实施平添了许多障碍，也从外部环境上影响了学生对 ICT 课程的兴趣，从而导致学生只能学到低水平的 ICT 课程。

以上这些问题及其衍生出来的一些现象，使应用取向的英国 ICT 课程陷入了一个恶性的循环，见图 3-2。正是这个循环维持着英国 ICT 课程令人担忧的现状，

---

① Department for Education. 2011. Statistical first release: School workforce in England November 2010. https://www. gov. uk/government/statistics/school-workforce-in-england-november-2010-provisional [2011-4-20].

② Ofsted. 2009. The importance of ICT: Information and communication technology in primary and secondary schools. http://www.ofsted.gov.uk/resources[2009-03-01].

③ Royal Society. 2012. Shut down or restart? The way forward for computing in UK schools. http://royalsociety.org/education/policy/computing-in-schools/report/[2012-01-13].

如果这种情况继续下去，那么英国的 ICT 课程将会出现更加严重的问题，并有可能最终导致 ICT 课程地位不保。

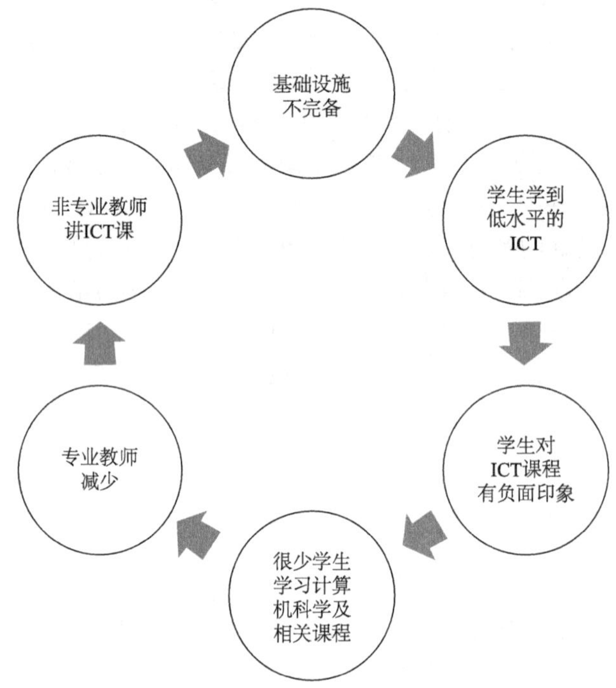

图 3-2　英国 ICT 课程陷入的恶性循环

四、英国 ICT 课程的发展趋势

应用取向的 ICT 课程在实施多年后陷入了恶性循环，为了打破这个循环就要找到一个突破口来对其进行干涉。这个突破口就是改革国家课程中的 ICT 课程，重新设计 ICT 课程，这也是解决上述课程问题的根本途径。2011 年以来，英国的考试机构、政府部门和专业组织等相继在 ICT 课程的未来走向上发出了自己的声音，通过这些“声音”可以发现英国 ICT 课程正在发生一个重要的转变，那就是计算机科学作为课程内容的一部分不断地被提起和强化，这也让我们看到了英国 ICT 课程回归专业取向的趋势。如果说这些是英国 ICT 课程回归专业取向的标志，那么回归后的课程已经不是 ICT 课程诞生时的样子，随着科学技术的发展和人们对课程认识的不断深化，“回归”的内涵与特征已经更加丰富。

（一）课程目标定位于让学生成为技术的创造者

英国历史上曾经产生了一系列的计算机科学巨匠，如图灵和帝姆，但是随着美国等国家在计算机及相关技术上的异军突起，英国旧日风光不再。现在的英国政府已经意识到了这点，希望英国重新回到计算机技术发展的最前列，让学生熟悉计算机的各个方面，培养学生的基本知识和技能，以及对个人利益和国家未来繁荣的态度。2011 年 1 月 20 日，英国教育部长戈夫宣布开始新一轮的课程评估，此次评估的主要目的是重新考虑必修科目的设置和主要学科的教学内容，重视知识的教学，给学校和教师更大的自主权等。对于 ICT 课程，被调查的人中有很多人认为“技术发展太快，而作为一门课程应该在长时间内保持稳定”①。2011 年 12 月，英国教育部发布了《国家课程的结构——国家课程综述》专家小组报告，报告中专家建议“应该适当地考虑在中学大范围地教授计算机科学”②。2012 年 1 月 11 日，戈夫宣布英国目前的信息技术课程于 2012 年 9 月不再执行，“课程名称还保留，将给学校和教师更大的自由和空间，来决定学校的 ICT 课程将教什么和如何教，而且以前常教的 Word 和 Excel 等课程内容也将被二维动画设计和智能手机应用程序编写所代替”③。上述的政府行为指导着未来 ICT 课程目标的修订与回归，那就是让学生成为技术的创造者，而不是技术的使用者。

（二）课程内容注重计算机科学、信息技术和数字素养的平衡

在英国，一些专业组织一直承担着为国家教育的发展出谋献策的重要作用，这些组织所作的报告是英国制定课程政策或进行课程改革的重要依据，甚至会直接导致某一类课程名称或内容的变革。2012 年 1 月，英国皇家学会发布的报告《关闭还是重启？》认为，未来英国的信息技术课程应该包括计算机科学、数字素养、信息技术三部分内容，而且对上述三个词的内涵和构成进行了重新的解释和区分，在学段划分上以 14 岁为分界点，14 岁以前的 KS1 到 KS3 掌握基本的 IT 和数字素养，14 岁以后以学习编程语言、数据结构和算法等基本的计算机科学知识与技能。④2012 年 6 月，英国 ICT 协会、英国 IT 教师教育联盟（ITTE）和学校中的计算机组织（CAS）共同发表的报告《学校中的 ICT 和计算机科学》也构建了新的课程内容框架，报告认为，KS1 到 KS3 的课程以 ICT 与计算机科学两部分内容为主，并综合教授，KS4 以后的课程将把 ICT 与计算机科学分开，从而为 GCSE 和

---

① Department for Education. 2011. Review of the national curriculum in England: Summary report of the call for evidence. https: //www. education. gov. uk[2011-01-20].

② Department for Education. 2011. The framework for the national curriculum——A report by the expert panel for the national curriculum review. https://www.education.gov.uk[2011-12-01].

③ Gove M. 2012. Michael Gove speech at the BETT Show 2012. http://www.education.gov.uk/inthenews/ speeches/ a00201868/michael-gove-speech-at-the-bett-show-2012[2012-01-13].

④ Royal Society. 2012. Shut down or restart? The way forward for computing in UK schools. http://royalsociety. org/education/policy/computing-in-schools/report/[2012-01-13].

A-levels 中的 ICT 课程考试与计算机科学课程考试做准备。[①]英国的相关专业组织所做的努力让我们对 ICT 课程回归专业取向有了更深入的了解，那就是不仅强调运用计算机的基本知识与原理，也注重技术的生产性、创造性和探究性应用，使 ICT 课程在回归专业取向的过程中不至于被宽泛或狭隘地解读。

（三）计算机课程考试重新成为一种选拔手段

在没有国家课程以前，英国的考试评价制度在客观上“统一”了全国的课程设置和课程标准，中小学历来强调选拔性，教育证书就是英国中小学的典型选拔性考试。对学生而言，考试也成为课程选择与学习的指挥棒。历史上专业取向 ICT 课程就是在选拔性考试下诞生的，1969 年 CSE 计算机课程就是由一些大学提供并作为学生进入大学的凭证。进入 21 世纪，英国的考试制度已经在现有国家课程框架下先行尝试对 ICT 课程的评价进行改革，以适应 2014 年英国课程评价制度的全面调整。GCSE 和 A-levels 是目前英国最主要的两种毕业认证，成绩是中学毕业和大学入学的基本要求。2004 年，英国资格认证委员会（JCQ）在 A-levels 中设置了 ICT 和计算机两门课程，2011 年 GCSE 试行了计算机课程。以上的一系列举动表明在评价制度的带动下计算机科学又重新回到人们的视野，考试决定了学生在大学或高中阶段进一步选择与计算机相关的专业或课程，让学生重新燃起对计算机科学的兴趣。1988 年前的考试是一种选拔手段，而国家课程的 ICT 课程出台后，各种考试也与国家课程建立了新的关系，成为一种检测手段。在国家课程没有修订的情况下，正在进行的计算机课程考试又成为一种选拔手段，这是英国 ICT 课程评价制度的一次重要变革。

第三节　印度信息技术课程发展历程

印度共和国（Republic of India），简称印度，位于亚洲南部，是南亚次大陆最大的国家，最悠久的文明古国之一。印度 1947 年 8 月 15 日独立，是一个多民族、多宗教、多语言、多文化的联邦制发展中国家，有 2000 种语言，其中 55 种有自己的文字和文学，9 种语言被定为官方语言，宗教多样化。印度是世界上发展最快的国家之一，但也是个社会财富分配极度不平衡的发展中国家。印度已经成为软件业出口的霸主，在金融、研究、技术服务等方面将成为全球重要出口国，是当今金砖国家之一，也是世界上仅次于美国的第二信息技术强国。印度实行 12 年一贯制中小学教育，在全国使用 10+2+3 的教育结构，即普通教育 10 年制，高

① Naace, ITTE, and the Computing at School Working Group. 2012. ICT and Computer Science in UK school. http://www.computingatschool.org.uk/data/uploads/[2012-06-01].

中 2 年制，大学 3 年制的教育体系。其中前 10 年的普通教育包括 5 年初小和 3 年高小，以及 2 年初中三个阶段。英国比较教育学家埃德蒙·金曾指出：没有一个国家遇到的问题（包括经济、社会、宗教乃至人口）比印度多。因此“典型的印度人遭遇，也许最能代表亚洲、非洲和拉丁美洲大部分地方的普通人的情况”，印度比其他国家“更具有人类的代表性”[①]。印度着眼于本国实际并积极参与到国际竞争与发展之中，同时也形成了印度中小学信息技术教育发展的国内背景。

一、印度信息技术课程发展的背景

（一）印度政府基础教育信息化政策的支持

印度政府充分认识到基础教育信息化对国家发展的重大意义，先后制定了一系列信息技术教育政策，在所规定的条文中既有宏观层面的战略性任务，又有与学校师生直接相关的具体内容。首任总理尼赫鲁曾指出，一个民族要获得真正的独立和振兴，就必须依托高科技的发展。尔后被称为“计算机总理”的拉吉夫·甘地（Rajiv Gandhi）1984 年执政后，把电子工业视为“国家的神经”，并高瞻远瞩地提出“要用电子教育把印度带入 21 世纪”的治国方略。1985 年，政府制定了新的国家教育政策，并拟订 23 条实施纲领，其中包括发展信息技术教育的政策，如计算机学习计划。1998 年，印度政府提出了雄心勃勃的“信息技术超级大国”发展战略目标，颁发了《印度信息技术行动计划》（*Information Technology Action Plan-India*）[②]，提出了 108 条政策建议。此外，印度中小学信息技术与软件发展特别工作组敦促政府在 2003 年前，力争使全国 100 万所学校都拥有一定数量的计算机并接入互联网。为确保国家政策对信息技术在教育中的广泛应用产生积极效应，印度电子部和人力资源开发部 1984 年联合发起《学校计算机素养与学习》（*computer literacy and studies in school*）试点项目，拉开了印度基础教育信息化改革的序幕。1986 年，国家教育政策行动项目对计算机在教育中的应用做出了展望，认为计算机的运用将会有效和高效地促进教学，鼓励学生发挥创造性。1998 年，《国家信息技术行动计划》中提出：由政府部门和工业部门合资建立全国高速网络中枢（Vidya Vahini）[③]。这是一个涉及中小学内部网和互联网的相关计划，提议将印度 6 万所国立高中与互联网连接起来，同时鼓励所有在全国性网络中枢计划的投资享有国家对基础设施部门的一切财政优惠政策。此外，印度政府启动的

① 埃德蒙·金. 2001. 别国的学校和我们的学校——今日比较教育. 王承绪, 邵珊, 李克兴, 等, 译. 北京: 人民教育出版社: 243.

② Government of India. 1998. Report of the IT task force. http: //www IT-Task force[2006-03-10].

③ Vidya Vahini. 2006. "Inira- net and internet for schools"- pilot project. http: //www. mit. gov. in[2006-03-16].

2003～2007 年度的国家级数字政府计划为印度的进一步信息化勾画了蓝图。建立在这个目标之上的许多任务模式工程已经启动，有些已经取得初步成效。

（二）印度基础教育课程改革的推动

当今世界，课程改革与发展是一股强劲的潮流，无论发达国家还是发展中国家，不论原有的课程体制如何，在世界日新月异的变化中、在知识的急速增长中、在对高素质人才的迫切需求中，各个国家都面临着课程改革的重要任务。印度也早就加入了世界课程改革的大潮，在不断修正和调整的过程中，逐渐形成了现在的课程体系。1986 年，印度在其国家教育政策决议中首次提出建立全国性的课程框架，包括共同的核心课程和其他选修课。1988 年，印度国家教育研究与培训委员会（NCERT）据此提出了《初等和中等教育国家课程》，成为 20 世纪最后十余年课程改革的指导性文件。目前印度各邦中小学的课程问题主要是邦教育研究与培训委员会（SCERT）负责，印度国家教育研究与培训委员会通过发布国家课程框架等形式来指导各邦的工作。特别是国家教育研究与培训委员会颁布了《2000 年国家课程框架》，更是将印度的课程改革推向了高潮，其颁布的《2005 年国家课程框架》是印度最近一次课程改革的纲领性文件。《国家课程框架》指导教学大纲和教科书的编定，但它本身不是一个规定性的文件，只是提供指导，鼓励各地区和各学校根据实际情况在这个文件的指导下制订适合自己的课程计划，它致力于全国统一课程体系的建立和全国教育水平的提高。

20 世纪 80 年代以来，印度迅速发展，成为教育立国的典型，印度以其信息技术教育的成功，为印度乃至世界培养了大批优秀的信息技术人才。其中基础教育中的信息技术教育就有印度本国的鲜明特色，同时也为信息产业的发展提供了丰富的人才资源储备。经过 30 余年的发展，印度的信息技术课程从无到有，2000 年 NCERT 的国家计算机教育中心（NCCE）制定的《学校信息技术课程指导纲要》，确定了信息技术课程的学科地位。整个基础教育阶段，信息技术课程设置有两种情况：1～10 年级开设专门的信息技术必修课程；11 和 12 年级开设名为计算机科学课的信息技术选修课。信息技术课程（计算机课程）也因计算机及相关技术的发展而处在不断的探索和发展过程中。

印度与我国同属发展中国家，国情与发展情况都很相似，两国在社会发展中遇到的问题也有很多共同之处，这些社会发展的要求反映在信息技术教育领域，使得两国面临着一些共同的信息技术教育发展问题。因此，追溯印度中小学信息技术课程发展的历史轨迹，关注印度中小学信息技术课程的最新进展，吸收借鉴印度中小学信息技术课程改革的成果经验和失败教训，对于中国当前正在进行的信息技术课程改革是很有必要也十分有意义的。

二、印度信息技术课程的历史

印度中小学信息技术课程起源于20世纪七八十年代，经过近40年的发展，在印度的教育信息化政策和基础教育课程改革的引导下，信息技术课程已经发展成为印度的国家课程框架下的学科课程，并影响着学校教育的方方面面。印度中小学信息技术课程诞生的时间和发展的过程，与世界上其他国家的信息技术课程有着相似的经历。印度中小学信息技术课程发展经历了三个阶段，分别是教育信息化政策引导阶段、课程地位确定阶段、信息技术课程与计算机课程并行阶段。每个阶段的课程都有自己的特点。

（一）教育信息化政策引导阶段

印度的信息技术教育最早开始于1984年。2000年以前，印度没有全国统一的信息技术课程，也没有固定的课程名称，信息技术课程尚处于萌芽状态。这一时期，信息技术课程只是在个别学校，以计划或项目的形式实施，而且是在印度教育信息化相关政策的推动下产生的。

1984年，拉吉夫·甘地执政，把电子工业视为“国家的神经”，并高瞻远瞩地提出“要用电子教育把印度带入21世纪”的治国方略。这一年，英国BBC向印度捐助了12 000台微型计算机，并由印度政府分发给公立的初高中学校。随后印度电子部和人力资源开发部联合发起《学校计算机素养与学习》（*computer literacy and studies in school*）试点项目，拉开了印度基础教育信息化改革的序幕①。《国家教育政策》（1986年）和《行动计划》（1986年公布，1992年修订）提出要在学校里进行信息技术教育，同时还提到了要在教学中使用计算机技术进行教学的设想和要求。虽然，印度的教育部随后并没有提出具体的策略、方案来规范教育系统中信息技术教育的实施，但《国家教育政策》（1986年）和《行动计划》（1986年公布，1992年修订）对中小学信息教育的肯定认识，为日后的信息技术教育在中小学的发展提供了政策保障。

但是，这期间的中小学信息技术教育的实施是不太成功的。因此，1998年，印度政府提出了雄心勃勃的“信息技术超级大国”发展战略目标，颁发了《印度中小学信息技术行动计划》（*Information Technology Action Plan—India*），这个十年计划，提出到2008年要普及全民信息技术。该报告中提出以下相关内容：①宽松的银行贷款条件和其他措施帮助学生、教师和学校购买计算机；②在教学中雇用信息技术行业的人员来促进计算机远程教育的发展；③建立教育国家委员会，为各级水平的学生开设信息技术教育课程，并培训教师在教学中使用计算机技术；

---

① 刘彦尊，于杨，董玉琦. 2007. 印度基础教育信息化最新进展述评. 中国电化教育，(1): 32-36.

④在 2003 年实现所有学校计算机联网；⑤建立 SMART 学校来培养学生的计算机技能和技巧；⑥鼓励、培养学生的计算机素养和基本的操作能力。[①]

（二）课程地位确定阶段

印度自 1947 年独立以来，一共进行了五次基础教育课程改革，2000 年，印度人民党再次执政，在广泛讨论的基础上，吸收了 1986 年《国家教育政策》的合理成分，颁布了《2000 年国家课程框架》。该框架并没有对以往的教育政策提出过多批评，只是在时代发展的背景下提出了一些新的关注问题：以实用、平等和卓越为支柱建设一个有凝聚力的社会；将本土知识整合进课程，强调印度对世界文明的贡献；教导和培育身为印度人感到骄傲的信念，将“世界就是一个家庭”精神融入爱国主义和民族主义；普及初等教育，将教育与生活技能相联系；在学校教育的各个阶段培养价值观。这是以《2000 年国家课程框架》为标志的第五次基础教育课程改革，《2000 年国家课程框架》特别关注了两个方面，即“ICT 与学校课程的整合”及“迎接 ICT 的挑战”。同年，由 NCERT 的 NCCE 研制的《学校信息技术课程指导纲要》就是在对上述两个主题的关注下产生的，这标志着信息技术课程地位的确定。

1. 课程设置

从整个基础教育阶段来说，信息技术课程设置有两种情况，一是单独开始信息技术课，二是将信息技术课整合到其他学科中。在印度，由于存在着区域间不均衡的现象，因此公立和私立学校间、城乡学校之间的信息技术课程在设置上呈多样化。基本上，1～10 年级，开设专门的信息技术必修课程，11 和 12 年级，开设名为计算机科学课的信息技术课。

2. 课程设计理念

印度小学信息技术教育课程设计理念是“寻求信息技术与课程整合的方案；超越信息技术教育仅仅作为学校课堂教学过程的一部分的思想”，认为“一定的课程框架能增加学生在信息技术环境下跨课程学习的机会”。

3. 课程的价值与定位

印度在《学校信息技术课程指导纲要》中指出：中小学信息技术教育是信息技术基础教育和普及教育，是为后续初中学段和高中学段的信息技术教育及职业教育打基础，是为了培养学生的“价值驱动态度而非技术驱动态度”；基础性和普及性是课程的主要特性。

① Khirwadkar A. 2004. Integrating information and communication technology in teacher education:An experiment with novice teachers. http://www.unescobkk.org/education/ict/resources/advisors/anj2004. doc[2004-07-05].

4. 课程目标

通过学校的信息技术课程学习，学生应该实现如下几方面的目标。

（1）基本操作和概念。了解信息技术系统的操作和功能，并能够熟练应用。

（2）社会与道德问题。在日常生活中利用信息技术，并负责任地利用系统、设备和软件。

（3）信息技术工具。利用信息技术所包含的一系列工具改善学习、提高生产力和创造力，创造出具有创新价值的、可以与他人共享的作品。

（4）通信工具。利用信息通信技术与同伴、专家和他人协作，互相配合，发表作品。

（5）技术研究工具。利用技术为本的研究工具去查找和收集与研究任务相关的信息，对来自不同来源的信息要加以分析和评价。

（6）问题解决工具。能够利用技术解决现实生活问题。[①]

（三）信息技术课程与计算机课程并行阶段

1. 国家层面的信息技术课程

为了促进印度经济与社会的可持续发展，为了基础教育的健康有序，基础教育课程改革已经势在必行。印度希望能够通过减少教学内容和更新教学方式切实减轻学生的学习负担，使学生能够快乐地学习，并在一定程度上提高入学率和巩固率；希望通过在课程中对不同文化的尊重，来保护印度的多元文化，在全球化浪潮下保持本土特色，同时向学生传达一种平等和容忍的价值观；希望通过环境教育、和平教育等价值观教育培养学生爱护环境的意识，使他们树立起民主、平等、正义、自由等价值观。总之，他们希望通过本次课改，使学校能够适应时代发展的要求，把印度的学生培养成为适应国家、社会和国际需要的优秀人才。但是，2000 年《学校信息技术课程指导纲要》是一个高站位的课程方案，所规定的能力标准均是最低标准，而印度的地方邦政府、考试机构和研究机构在其基础上也制定了更为详细的学校信息技术课程指南和教学大纲，且课程名称不同。

2. 考试机构的计算机考试课程

印度属于联邦制国家，有的邦参加印度中等教育证书（ICSE）委员会考试，有的邦参加中等教育中央委员会（CBSE）考试，有的邦则自己制定课程标准或大纲，因此各邦执行的课程也不尽相同。ICSE 是印度中等教育证书机构，类似于英国的 GCSE，为学生提供各类考试课程。ICSE 规定 1～8 年级的计算机课程为必修科目，9～10 年级为选修科目，且计算机课程的考试大纲是开放的。学校自由

① 谭敬德, 王杰文. 2009. 中国和印度小学信息技术教育课程比较研究. 现代教育技术, (4): 123-126.

地使用合适的出版商所出版的教科书。此外，CBSE 面向中等教育，主要是制定考试制度，指导 10～12 年级考试，授予成绩合格学生证书，满足家长工作不稳定的学生的教育需要，虽然 CBSE 遵照 NCERT 的课程框架，但是它为信息技术课程制定的大纲是以计算机为名的计算机考试大纲。

三、21 世纪印度中小学信息技术课程

2000 年以来，信息技术课程设置有两种情况，一是单独开设信息技术课。例如，1～10 年级，开设专门的信息技术必修课程；11 和 12 年级，开设名为计算机科学课的信息技术课，是一门选修课。需要说明的是，如果学生在 1～10 年级达到了《十年级信息技术能力标准》规定的水平，可以不选修计算机科学课。二是将信息技术课整合到其他学科中。2005 年课程改革以后，印度在高中又设置了附加课，其中信息技术课程的附加课名为 CCT。在印度，由于存在着区域间不均衡的现象，因此公立和私立学校间、城乡学校之间的信息技术课程在设置上呈多样化。例如，学校统一开设信息技术课；学校开设计算机课，但有专业技术人员对师生使用信息技术情况进行帮助和指导；学校信息技术课时间由学生自己支配；一些私立学校信息技术课没被整合到日常课程中，也不是作为独立的学科这种形式而存在；农村学校由于信息技术设备匮乏，各地信息技术课程开设情况不同；大城市学校信息技术课具有弹性，有的学校与当地大学合作，建立了虚拟教室，学生能享受网络课程。①

（一）国家层面制定了高中计算机与通信技术（CCT）选修课程

2005 年 NCERT 颁布了《2005 年国家课程框架》（NCF2005）②，表 3-4 是印度开设的国家课程，NCF2005 中提到将计算机科学作为数学领域的一个内容，并建议计算机科学（CS）单独作为学校的一门学科。此外，该课程框架中与技术相关的部分还提到了“明智地使用技术”和“技术创新”②。为了贯彻 NCF2005 中的相关理念，NCERT 的计算机教育与技术援助部（DCETA）制定了高中选修课程《计算机与通信技术》，在其前言中对 CCT 课程价值进行了详细的阐述：“这门课程不仅是‘计算机是如何工作的’，更是我们如何用计算机及相关技术工作，以及在社会中这些技术的使用与误用。这门课大概会成为每个人都会学的课程，因为它处理现实中计算机要解决的挑战，强调计算机科学、信息学实践和社会之间的连接。它处理与 ICT 空间肿胀相关的社会问题，触及了很多领域，不仅是为

① Thirumurthy V, Sundaram N. 2003. Computers for young children in India. Childhood Education, (5): 307-313.

② NCERT. 2005. National curriculum framework 2005. http://www.ncert.nic.in/rightside/links/nc_framework.html[2013-01-13].

机器编程。它促进了问题解决能力的发展，同时也是更重要的是促进了问题规划能力的发展。它降低了技术的重要性，强调了学习操纵技术的必要性。它关注随着技术安全、剽窃和数字身份而产生的一系列现实问题。总之，这门课程表达的既有新技术带来的兴奋，也有新技术带来的限制。”[①]CCT 课程的目标包括知识、理解、技能与策略、态度四个方面。

表 3-4　印度《2005 年国家课程框架》开设的课程

<table>
<tr><th>课程领域
学段</th><th>语言</th><th>数学</th><th>科学</th><th>社会科学</th><th>艺术</th><th>卫生与体育</th></tr>
<tr><td>初小</td><td>母语和地区语言</td><td>通过游戏简单计算</td><td>环境科学</td><td>通过语言、数学、环境科学等学科渗透</td><td rowspan="2">必修，内容必须包括音乐、舞蹈、视觉艺术和戏剧四个部分</td><td rowspan="2">健康教育、游戏、运动</td></tr>
<tr><td>高小</td><td rowspan="3">实施“三种语言教育方案”</td><td>代数、测量、空间和形状</td><td>综合科学课</td><td>学习历史、地理、政治、经济等社会科学知识</td></tr>
<tr><td>初中</td><td>代数学和几何学的抽象知识</td><td>物理、生物、化学单科教学</td><td>在上面基础上增加社会学</td><td rowspan="2">根据兴趣选择不同的艺术门类，可以学习艺术理论和美学知识</td><td rowspan="2">生理知识、健康教育、运动、瑜伽等</td></tr>
<tr><td>高中</td><td>侧重数学知识应用</td><td>物理、生物、化学等选修课</td><td>政治、地理、历史、经济、社会学、人类学、心理学、商业研究等学科中选修</td></tr>
</table>

（二）地方政府推行特色化的信息技术课程方案

印度是一个多民族、多宗教、多语言、多文化的联邦制发展中国家。各级政府积极地推进本邦的信息技术教育，根据自己邦的实际情况和国家信息技术教育课程标准制定自己的实施方案。以喀拉拉邦（Kerala）为例，喀拉拉邦的教育研究与培训委员会（SCERT）以 NCF2005 为基础，颁布了该邦的课程框架（KCF2007），要求中小学生开设的课程主要包括八个部分，即语言、数学、科学、社会科学、艺术、卫生教育、体育教育和工作经验，此外，还包括学习科学和职业教育等内容，具体见表 3-5、表 3-6。喀拉拉邦的课程框架没有规定信息技术课程的设置，但是喀拉拉邦的高中课程有计算机科学、计算机应用两门选修课程，还有计算机能力一门必修课程。此外，喀拉拉邦教育部的 IT@School 计划，隶属

① NCERT-Department of Computer Education and Technological Aids. 2005. Computer and communication technology (CCT) (classes xi and xii) (syllabus for higher secondary stage). http://www. ncert.nic.in/rightside/links/pdf/syllabus/syllabus/Syllabus_for_CCT_Higher_Secondary_1. pdf[2013-01-13].

于喀拉拉邦教育研究与培训委员会，该计划始于 2001 年，目的是促进信息技术在教育中的应用。该计划于 2003 年使 IT 成为喀拉拉邦课程中的必修课；2004 年开始开展“IT 促进教育”的活动；2008 年 ICT 代替 IT，开展“ICT 促进教育”活动；2009 年开始开发了 8～10 年级（初中）ICT 课程教材。

表 3-5　印度喀拉拉邦课程框架开设的课程（小学、初中）

学段＼课程领域	语言	数学	科学	社会科学	艺术	卫生、体育	工作经验
初小	√母语	√	√环境科学		√	√	√
高小	√母语、地方语言、英语	√	√基础科学	√	√	√	√
初中	√地方语言、英语	√	√	√	√	√	√ 职业培训

注：“√”表示正在开设的课程。

表 3-6　印度喀拉拉邦课程框架开设的课程（高中）

<table>
<tr><th rowspan="2">学段＼课程领域</th><th colspan="5">必修</th><th rowspan="2">选修</th></tr>
<tr><th>文化</th><th>商业</th><th>科学</th><th>社会科学</th><th>职业能力</th></tr>
<tr><td rowspan="3">高中</td><td>喀拉拉文化/印度文化</td><td>会计</td><td>数学/生物</td><td>历史</td><td>职业选择的理论与实践</td><td rowspan="3">地质学、统计、伊斯兰历史，计算机应用、新闻、心理学，计算机科学、计算机会计、合作、甘地的研究、社会工作、人类学、社会学、哲学、家庭科学、职业教育</td></tr>
<tr><td rowspan="2">语言或艺术形式</td><td>经济</td><td>物理</td><td>政治/社会</td><td>销售</td></tr>
<tr><td>商务</td><td>化学</td><td>地理/经济</td><td>计算机能力</td></tr>
</table>

注：高中要修四门课程，必修里选择三门课程，选修里选择一门课程。

2003 年，ICT 课程成为喀拉拉邦的一门独立学科，课程设置目的是促进学生在其他学科中的学习。ICT 课程在小学 1～7 年级和初中 8～10 年级单独设置。小学课程内容以计算机科学知识为主，与其他学科整合为辅；初中则是技术或软件在其他学科中应用为主。

（三）中小学校遵循信息技术课程考试大纲的要求

印度没有全国统一的考试机构，CBSE 和 ICSE 都为印度各中小学提供中等教育资格认证，也有各自的学科课程考试大纲。CBSE 和 ICSE 规定 1～8 年级的计算机课程为必修科目，9～10 年级计算机科学为选修科目。为了让学生获得毕业证书，印度的中小学校有的隶属于 CBSE，有的隶属于 ICSE。喀拉拉邦的多数学校都隶属于 CBSE，CBSE 主要负责为初中和高中出考试大纲和进行考试，所以地方学校如果隶属于它，他们所上的课程就遵循 CBSE 颁布的各学科大纲的要求，即考什么学什么。例如，位于喀拉拉邦科钦市的托克公立学校和位于喀拉拉邦科塔亚姆的卢尔德公立学校就隶属于 CBSE。CBSE 的考试大纲中，初中、小学课程名称为信息技术基础（foundation of information technology），高中的课程名称为计算机科学（computer science）。

1. 托克公立学校的信息技术课程

位于喀拉拉邦科钦市的托克公立学校小学和初中的课程设置情况见表 3-7。此外，高中有四种课程组合，学生可以从中选择一种。这四种组合分别为：

（1）英语、数学、物理、化学、生物。

（2）英语、数学、物理、化学、计算机科学。

（3）英语、数学、物理、化学、生物技术。

（4）英语、商业研究、经济学、会计学、数学/信息实践。

表 3-7 托克公立学校的中小学课程设置①

年级	语言	学科	分级学科
1、2 年级	语言 1——英语 语言 2——北印度语/马拉雅拉姆语	数学 EVS	常识、伦理学、计算机、艺术、工艺、音乐、舞蹈、游戏
3、4 年级	语言 1——英语 语言 2——北印度语/马拉雅拉姆语	数学 EVS 社会科学	常识、伦理学、计算机、艺术、工艺、音乐、舞蹈、游戏、生物、卫生
5 年级	语言 1——英语 语言 2——北印度语/马拉雅拉姆语 语言 3——北印度语/马拉雅拉姆语/法语	数学 普通科学 社会科学	EVS、常识、伦理、计算机科学、绘画、舞蹈、音乐、体育、工作经验

2. 卢尔德公立学校的信息技术课程

卢尔德学校 1～8 年级为小学，9～10 年级为初中，11～12 年级为高中。

小学的课程：英语、马拉雅拉姆语、印地语、科学、社会科学、数学、艺术教育、体育教育、工作经验、计算机科学、EVS、道德科学。

初中的课程：英语、马拉雅拉姆语、印地语、科学、环境研究、社会科学、数学、艺术教育、体育教育、工作经验、计算机科学、道德科学。

高中的课程有三组可选择课程：

（1）英语、物理、化学、数学、生物学。

① Toch school. 2012. http://www. tochschool. com/secmenudisp. php?MID=19[2013-01-13].

（2）英语、物理、化学、数学、计算机。

（3）英语、商科、会计、经济学。

（四）IITB 研制《学校计算机科学课程模型》

过去的 10 年，虽然印度学校已经把计算机科学作为学生的学习科目，而且一些学校在三年级引入这门课，甚至最早是在一年级引入这门课，但是，不像其他学科有规定的教材和教学大纲，计算机科学的教学有很多的争议，如基本上目前涵盖的主题更多地由市场需求所驱动，很少强调在整个科目中有用的思维技能或广泛应用的概念，而且由于学校在课程和教材选择上的灵活性，课程的内容也存在巨大差异。这其中一个原因就是缺乏定义好的最高标准框架。因此，印度迫切需要定义一个详细的课程来教授学校中的计算机科学。面对这些情况，印度理工学院孟买分校（IITB）的计算机科学与工程系于 2007 年 3 月研制了《学校计算机科学课程模型（2007）》，并开发了一套名为 Computer Masti 的系列计算机教材，将其所制定的课程模型开始在孟买的部分学校试行，2010 年该课程模型重新修订再版[①]。为了不使计算机课程只注重应用而落后于其他课程，并不使人厌烦，计算机科学课程模型除了保持对概念的学习，还要动态化地设置课程，不断地学习新工具和新技术，以主题形式学习计算机课程。

1. IITB 学校计算机课程目标

IITB 的《学校计算机科学课程模型》将计算机科学课程目标分为三个层次，“概念”的范围涵盖了 NCERT 的基本操作与概念的范畴，且比该范畴更广。“应用技能”对应 NCERT 划分的 IT 工具（提高生产力）、通信工具（协作和发布）、技术研究工具（定位和收集信息）和问题解决工具（计算机的高级应用）几个类别。“社会层面”与 NCERT 对于社交和伦理问题的分类是一样的。计算机课程模型强调的是对于各种基于计算机活动背后概念的理解，而不是仅仅知道特殊工具的应用技能。它通过基于概念的方法使孩子们成为自主学习者，并且使他们能够应付在未来不可避免出现的新工具和新技术。这个课程的设计方法是初级部分尽量简单，然后在中学时难度有一点轻微的增加，进而满足教学大纲规定的考试委员会的考试。

具体的三个层次目标为：

（1）概念：既学习广泛应用于各领域的计算机科学的概念，也学习计算机应用或运行的特定概念。

（2）应用技能：在应用各种软、硬件及程序包或编程语言时发展实践技能。

---

① IITB. 2010. Model computer science curriculum for schools 2010. http://www.it.iitb.ac.in/~sri/papers/CSC-April2010. pdf [2013-01-13].

（3）社会层面：理解计算机及互联网相关的道德和安全问题。

同阶段的课程目标如下：

（1）小学低年级（1～4 年级）：让学生熟悉计算机及计算机的有趣应用。介绍不带程序的单机的功能，强调基本的技能，基本的社会方面，逻辑、分步式思维的概念。

（2）小学高年级（5～7 年级）：让学生学习如何操控计算机。介绍单机的熟练使用，介绍数字收集、数据管理和数据表达方式的概念。介绍网络应用的程序（如电子邮件和搜索引擎）。社会方面强调让学生安全、合理地使用计算机。介绍一种基本的编程语言。介绍一些技能学习背后的一般概念，如算法等。

（3）中学（8～10 年级）：对单机系统娴熟地控制和网络世界的熟练导航。强调学习具有广泛适用性的概念，包括使用编程语言在内的其他主题规定为考试内容。

（4）高中（11～12 年级）：主要遵循考试大纲的内容，强调基本概念，而不是过多的操作。

2. IITB 学校计算机课程内容

IITB 的《学校计算机课程模型》以“学什么—为什么学—怎样学”的结构设计，首先是需要讲授的内容，其次是这样做的原因，最后是课时分配及其他细节。每个标准都有一个课时计划。计算机课程期望教师能够顺利完成课程计划的设计，如小学每周 1 课时，初中每周 1 课时或 2 课时，高中每周 2 课时。每个学习主题下对学习活动设计、项目设计留有足够的空间，教师对如何呈现所教主题具有完全的控制权。以下是 1 年级的课程内容。

主题：存在意识/游戏与欢乐计算机。

学什么：1 年级结束时，孩子能够：

1. 概念：理解各种计算机，意识到计算机是由各个组成部分组成，并且知道各部分的功能（控制/导向）。

2. 应用技能：识别计算机的组成部分；使用键盘（箭头键，输入/回车键）和鼠标（单击/双击）作为输入设备；打开应用软件，如声音、画图，或游戏和基本应用；打开、保存和关闭一个活动项；更换壁纸。

3. 社会层面：保持清洁；无尘区域；不遗漏食物等；有序处理外围设备，在团队活动和项目中分享资源，共同工作。

为什么学：1 年级结束时，孩子们足以将计算机看作是一种有趣的实体，意识到它有着各个组成部分，并且各个部分有其各自的功能（存在意识）。至于其他更多的相关主题并不作要求，因为这部分的目标就是简单介绍计算机，了解计算机是一种能够帮助你完成任务的工具。计算机也可能成为一种高度分散注意力的玩具，因此在内容的编写上有意显得低调一些。然而，考虑与同龄人的对比，太少的主题也是不可取的，孩子们不应落后于其同龄人，或是在未来由于缺少相关内容的学习而感到焦虑。对于这个年龄段的学生，我们更加强调的是使用技能的学习，使学生能够熟练使用计算机。

怎么学：每周应该有一课时，大致的课时安排见表 3-8。

表 3-8 IITB 课程课时安排

周	主题
第 1～4 周	计算机的使用 日常生活中的简单、有趣的计算机使用：图书馆、火车站、听音乐、画画
第 5～7 周	计算机的组成 CPU、显示器、键盘、鼠标
第 8～10 周	计算机注意事项 安全、正确地使用计算机，姿势，分享
第 11 周	复习
第 12～14 周	使用鼠标 理解双击、右击、单击
第 15～17 周	使用键盘 使用键盘输入字母、数字，理解类似返回键、回车键等特殊键的功能
第 18～19 周	复习
第 20～22 周	使用计算机画画 “画图”中的图标、工具、工具栏、打开、保存选项等概念
第 23～24 周	使用“画图”的其他功能 新建、撤销、选项、对话框
第 25～26 周	使用音乐播放器 播放音乐文件，使用控制按钮，如播放、暂停、停止、音量
第 27～29 周	探索桌面 改变壁纸，最小化，关闭活动项
第 30 周	复习
第 31～32 周	项目——评价与评估

3. IITB 学校计算机课程实施

教材是印度中小学信息技术课程实施的主要载体，课程实施也会受到教师教学策略和教学方法的影响。因此，从教材、教学策略和教学方法中就能够对印度中小学信息技术课程的实施窥见一斑。

1）内容的组织方式体现师生互动

整套 Computer Masti 教材是由一位名为 Moz 的虚构的教师与两位名为 Jyoti 和 Tejas 的学生的问答交互过程组织而成。每册教材的开始都以一个主题为开始，是以后各主题的基础，也为问答式学习做了充分的铺垫。教师主要是通过提问来引导学生自主地发现和学习主题内容。例如，“主题 1. 计算机的应用”中的师生互动过程如下：

有一天当 Tejas 和 Jyoti 在学校操场上玩耍时，他们的球滚进了计算机机房。放学后当别人都在等待回家时，Tejas 和 Jyoti 通常留下来。他们喜欢这个时间，就好像整个学校都属于他们自己一样。学校允许孩子们在业余时间使用图书馆、操场和其他设施。

到目前为止，Tejas 和 Jyoti 还没有进过计算机机房。今天他们谦和地走进机房去寻找他们的球。令他们吃惊的是，他们看见一只大老鼠拿着他们的球!这只老鼠戴着眼镜，眼镜滑到了鼻子上。这是一个有趣的景象。Tejas 和 Jyoti 变得好奇。他们伸手去拿球。这只老鼠开玩笑地退回来并且一点都不害怕孩子们。

Tejas 和 Jyoti 被机房中五彩缤纷的计算机屏幕所分神。他们走到一个计算机附近去仔细看。突然，他们听到一个来自计算机顶上的声音“你愿意学习计算机吗？”孩子们抬头一看，正是那只老鼠。他们听到老鼠说话都非常兴奋。他们想与这只老鼠成为朋友。

Tejas：我是 Tejas，我今年六岁。

Jyoti：我是 Jyoti。我读一年级。你叫什么名字？你多大了？

老鼠：我的名字是 Moz。我很老。

Tejas：我们可以做朋友吗?

Moz：可以。我将帮助你们学习计算机，你们教我玩这个球。

Jyoti：哦！这太有趣了。我们可以用计算机玩游戏吗?……

主题 1. 计算机的应用

这节课我们将一起学习一种简单并且有趣的计算机的应用。

MOZ：哈喽，今天我们要学习什么呢？是的，我们都知道计算机是有用的机器。它可以做很多事情。我们可以用计算机玩游戏，听音乐和看视频等。

TEJAS：那我们可以叙述下计算机的应用吗?

MOZ：当然，我们可以。一台计算机可以用来做以下事情：

写信；

玩游戏；

听音乐；
计算；
看视频和动画片。

Jyoti：我记得我在图书馆看见过计算机。

Tejas：我也见到过，但是计算机在图书馆里能干什么呢？

Moz：好问题。下面让我告诉大家，计算机在许多地方都是如何应用的。

2）“教师角”强调教师引导者的角色

Computer Masti 系列教材每个主题的最后一部分是“教师角”，在这里给出了该节课程的计划大纲、一些注意事项和一些关于什么时候给学生进行“练习题”训练的指示，教师主要就是作为一个引导者的角色来鼓励学生积极学习。下面是第一册教材第一个主题后的教师角。

教师角 1.1

1. 开始上课时和学生一起讨论机器的概念。

2. 介绍作为一个多功能机器的计算机，它有很多用途。孩子们讨论涉及有使用计算机的地方（家里、飞机场、铁路站台、银行、学校、电影院），在这些领域它是如何帮助人们完成工作的。

3. 陈述一下其他有趣用法。例如，孩子们认为卡通电影可以用计算机做出来，他们可以使用计算机设计很多东西，如玩具、书、建筑物等。

4. 通过“你们喜欢计算机吗”这样的方式激发他们的好奇心。演示使用计算机的一些简单应用，如听音乐、观看视频剪辑、绘制图片、做游戏、做加法练习、写作等。

在计算机上保存一些影视片剪辑片段，如儿歌、卡通图片，演示并让他们观看，如果你还有空，还可以按照需要重复演示。

3）不同的主题采取不同策略

在教授、学习信息技术课程的不同主题时，可以采用不同的教学策略。这些新颖的策略在课堂中促进了教学效果。

木偶剧：不同的木偶代表计算机的不同组成部分，通过木偶剧来展示各个部分连接到 CPU 后是如何共同工作的。

角色扮演：将孩子们分成两组，这两个小组采用完全不同的方式对待计算机。其中一个小组对计算机采用合理的保护、使用措施，于是计算机不仅得到了合理利用，还不会对这个小组的孩子们造成任何伤害；而另一个小组则没有对计算机采用合理的保护措施，在使用时姿势也不正确，结果计算机不能够很好地工作，而且不正确的姿势还对孩子们的身体造成了伤害。

讲故事：讲一个涉及输入设备和输出设备的故事，使孩子们在听故事的过程中理解什么是输入设备、输出设备，以及它们的区别是什么。例如，讲一个农场的故事，在这个故事中，种子就是输入设备，而收成就是输出设备。

做游戏：利用基于计算机的教育游戏，可以教给孩子们诸如输入、输出设备的概念，或者诸如输入单词、使用键盘的技能。

探究学习：给孩子们充分的自由，使其探究不同工具的效果，并允许他们自由选择一些应用软件（如绘画软件）来制作一些东西，增强其创造力。

图解：制作海报来展示在使用计算机时采用不正确的姿势对身体造成的伤害，以及避免这些伤害的方法，并将这些海报张贴在教室里，教师可以借助这些海报对相关知识进行解释。

动手体验：在教学结束的环节开展活动，让学习者利用绘画软件中的各种工具制作贺卡。这种动手体验能够使孩子们更易理解各种应用软件的使用。

基于情境的学习：利用现实生活中的场景作参照，给孩子们指出活动的主要步骤和细节。例如，为了使孩子们更好地理解一些概念，可以让他们说出如何策划一个生日聚会。为了使活动和计算机知识联系起来，可以让孩子们说出开启和关闭计算机的步骤。

归纳与演绎方法：给出一些计算机影响身体健康的例子，然后让孩子们思考并推断其中的含义，最后教师总结这些观点。

问题解决：让孩子们解决“为学生均分巧克力，并把剩余的巧克力给老师”的任务。如果有 50 块巧克力，要分给 23 个学生，每个学生分到的必须一样多，把剩余的巧克力给老师，应该怎么做呢？在问题解决的过程中，孩子们也提高了自己的思考能力。

独立思考—双人结队—大组分享：该策略可以用在教授“积累信息的重要性”的概念中。假设学习目标是理解“全球变暖”的概念，首先让学生独立思考，接下来和另一位同学结成对子共同探讨，最后和全班同学分享观点。该策略可以使学生感受到积累相关信息的必要性，并能够激发很多反馈。

大组合作—双人结队—独立完成：首先，让一个小组的学生共同探究如何用 Scratch 程序来展现蝴蝶的生命周期。接下来，让学生两两结对，来完成同样的任务。一旦他们能够合作完成同样的任务，那么他们就能够独立工作了。该策略能够强化对 Scratch 编程中的组织概念的理解。

小组问题解决：让学生合作完成一个动画制作项目。例如，蝴蝶的生命周期。它包含了动手体验和项目策略，学生自己制作出的成果是对该策略有效的有力证明。

丝智活动：为学生提供一些基于网络的学习材料，并布置一项关于互联网随时间发展的论文任务。

极简主义法：给学生提供极少量的信息，布置一些小的 Scratch 编程任务。接下来，在这种策略实施过程中，学生将会独立探索，找到完成任务的方法。

头脑风暴：教师引出一个话题，如一位名叫 Anita 的学生希望为她的朋友制作一个剪贴簿，她应该怎么做呢？来自其他学生的反馈信息将会激发他们对这些信息进行积累和组织。

换位思考：教师对需要什么样的信息及如何获取这些信息略微进行提示。接下来，要求学生扮演教师，形成自己的问题，并向扮演学生的教师进行提问。

1～5 年级的计算机课教学策略如表 3-9 表示。

表 3-9　1～5 年级计算机课教学策略

编号	策略名称	1 年级	2 年级	3 年级	4 年级	5 年级
1	木偶剧	√	√	√		
2	角色扮演	√	√	√	√	√
3	讲故事	√	√	√		
4	做游戏	√	√	√	√	√
5	探究学习	√	√	√	√	√
6	图解	√	√	√	√	√
7	动手体验	√	√	√	√	√
8	基于情境的学习		√	√		
9	归纳与演绎方法		√	√	√	√
10	问题解决			√	√	√
11	独立思考—双人结队—大组分享				√	√
12	大组合作—双人结队—独立完成				√	√
13	小组问题解决					√
14	丝智活动					√
15	极简主义法				√	√
16	头脑风暴				√	√
17	换位思考				√	√

四、印度信息技术课程发展的趋势

由于印度的信息技术课程一直游离于国家课程框架所规定的主体课程领域之外，从而使信息技术课程在具体标准的制定和课程实施上有了更大的自由度。虽然2000年的《学校信息技术课程指导纲要》仍在执行，但是印度的地方邦政府、教育机构等在2005年以后设置的课程已经逐渐转向计算机科学或计算机应用课程等。随着科学技术的发展和人们对ICT课程认识的不断深化，课程的内涵应该更加丰富。

（一）注重计算机科学的基本知识与技能

作为一个发展中国家，印度为本国和全世界输送了大批信息技术人才和IT领域的专业精英，这是印度一直引以为豪的地方。因此，印度的信息技术课程一直重视计算机基本概念和技能的教学，在课程设置时让学生熟悉计算机的各个方面，培养学生的基本知识和技能，以及对计算机使用的态度。IITB最新课程模型在设计时就关注概念的学习，促进和提高分步式思维和逻辑推理能力。这个基于概念的方法能使孩子们成为自主学习者，并且使他们能够应付在未来不可避免出现的新工具和新技术。算法和程序语言的学习也是计算机课程的一个重要内容。

（二）将新技术和新工具引入课程

印度的信息技术课程考虑将计算机课程动态化，在课程设计时会引入新技术和新应用。例如，最新的CCT课程大纲的目标之一就是要了解各种技术的趋势，获得相关的专业知识。这些新技术和新工具包括计算机存储技术、半导体、通信系统、量子计算、软件、纳米技术、计算机控制设备，如传感器、条形码扫描、运动、停车传感器、潜艇雷达引发反应温度传感器、智能传感器、位置跟踪技术、全球定位系统（GPS）、自动柜员机（ATM）、机器人和它的使用等。

（三）社会伦理的内容进一步增加

印度的信息技术课程一直重视社会伦理层面的内容，从2000年课程指导纲要中“负责任地使用系统和软件”，发展到IITB计算机科学课程中“理解计算机及互联网相关的道德和安全问题”。现在高中CCT课程在社会伦理部分的内容更加丰富，包括：理解IT的应用和服务，建立网络法规和知识产权意识；对印度和世界的IT趋势的敏感度，以及与CCT相关的社会伦理问题；理解并对网络安全保持敏感，预防相关问题的发生。此外，其还提到了信息沟通过程中的软技能，如通过电子邮件交流、通信问候和敬意、写作/书信写作技能、音频/视频沟通技巧和聆听技巧等。

第四节　日本信息技术课程发展历程

日本是世界上经济、教育最发达的国家之一。为了继续保持和发展其本国的实力和国际地位，信息教育被纳入国家信息化的战略和教育改革中。

一、日本信息技术课程发展的背景

（一）日本教育信息化战略

进入 21 世纪以来，日本在国家层面上先后出台了三个国家信息化战略，即 e-Japan、u-Japan 和 i-Japan 战略。从 e-Japan 到 u-Japan 再到 i-Japan 战略，无不将中小学信息教育作为实现其国家战略的重要部分，视其为实现国家战略计划的重要基础和保证。e-Japan 的战略核心是国家信息基础环境的整备、学校信息化基础环境的整备和教师的指导能力等，u-Japan 的战略核心是建设泛在网络社会，i-Japan 的战略核心是发展数字化社会。中小学信息教育无论是作为其战略的一部分，还是从战略的可持续发展来看都发挥重要的作用，在每个战略计划中都有明确的记述。

（二）日本基础教育课程改革

课程标准的改革包括自 1999 年 3 月 29 日起，对幼儿园、小学、初中、高中、盲聋学校、养护学校教育课程的基准进行修订，其中特别就高中阶段校外体验活动的学分计算和认定、道德教育、信息教育、外语、国际理解教育等课程的充实给予了明确的规定。此次日本新课程方案中“信息”学科首次作为高中普通科的必修科目被设置。根据中央教育审议会关于改善学习指导要领答申报告的精神，自 2003 年 10 月 7 日起，对学习指导要领的基准给予进一步的改善。其中包括对教育内容过多的状况进行调整，而在小学则实施按学习熟练程度的不同分班教学，并设置综合学习时间。

2008 年日本书部科学省颁布新的小学初中学习指导要领，2009 年颁布新的高中学习指导要领。这次课程改革的教育目标包括：重视能力的提升、创造性、与职业的关联，公共精神与参与社会形成的态度的培养，尊重生命和自然、保护环境的意识，尊重传统与文化、热爱国家和乡土、尊重他国、参与国际社会的和平与发展。课程标准提出的重要事项中无论是小学、初中还是高中都提到充实包括信息运用和信息伦理等的信息教育。

二、日本信息技术课程的历史

在日本，对“信息教育”这个问题的讨论是从20世纪80年代初开始的，到目前为止已经经历了30多年。当时正是大力探讨普及计算机教育的时代，以教育技术学者为中心，主要热衷于研究外国的状况和课程的构成。特点是从研究初期就以人文社会学中包含的信息学的观点进行探讨。

1986年4月日本临时教育审议会第二次会议提出了“信息运用能力”这个概念，提出了学校教育要培养“能够自主地选择和使用信息和信息手段”的个人基本素养，要与“读、写、算”并行作为基础素养。

根据日本的“信息社会”计划，中学开设了“情报科学基础”（即信息科学基础）课程，属于技术课程（大体相当于我国的劳技课）的组成部分。课时为35学时，一年完成，内容为计算机知识和一定的程序设计思想。

1990年日本书部省出版的“有关信息教育手册”中使用了“信息教育”一词。

1997年10月3日发表的协力者会议的第一次报告《面向体系化信息教育的实施》中，提出了在小学、初中、高中进行信息教育的三个目标：运用信息的能力，对信息的科学理解，参与信息社会的态度。

1998年7月教育课程审议会报告提出了贯彻于学校各阶段、各学科的有关主要课题的一个基本思路——“适应信息化”，阐述了有关体系化信息教育的问题，特别是关于高中做出了开设普通学科“信息”的决定。

1998年12月14日日本公布了小学、初中新的学习指导要领，1999年3月29日公布了高中新的学习指导要领。新的学习指导要领中高中阶段设置了普通学科“信息”，并在综合学习时间中赋予其重要的位置。初中阶段的信息教育的内容置于“技术·家庭”学科的“技术领域”中，为“信息与计算机”，占“技术领域”课时的一半。小学阶段也明确了在“综合学习时间”中学习“信息”内容。

2008年，日本又进行了新一轮的学习指导要领修订工作。2008年12月22日，日本书部科学省公布了新的学习指导要领，其中对高中信息学科进行了修改。新的学习指导要领将1999年公布的高中信息学科必修科目“信息A”“信息B”“信息C”修改为“社会与信息”与“信息科学”，学生在其中选一个科目进行学习。课程由原来的“信息A”“信息B”“信息C”的内容重新组合成“社会与信息”和“信息科学”两个科目，强调了信息科学和信息社会内容的学习。

三、日本信息技术课程的现状

（一）教育信息化现状

根据日本书部科学省2012年9月公布的日本学校信息化现状调查结果，日本中小学学校信息化的全面建设情况如下所述。

关于计算机的装备状况，一台教育用计算机使用的学生人数的最新数据是每台 6.6 人，小学每台 7.5 人，初中每台 6.5 人，高中每台 5.1 人，特等教育学校每台 3.5 人。关于网络的接续状况，近 100%的学校接续了网络，普通教室的接续局域网（LAN）的比例：小学达到 81.5%，初中达到 80.7%，高中达到 93.6%。近 100%的学校对有害信息进行了信息过滤的处置。电子白板和实物投影仪的配备增长十分显著。教科书的数字化比例不高，小学 29.4%的学校进行了数字化教科书的建设，而只有 3%的高中进行了该项工作。教师参加培训的比例不高，只有 22.2%的教师参加过信息技术培训。但我们也可以从教师利用 ICT 指导学生能力的调查结果中了解到日本教师的 ICT 能力还是比较高。其中，在教材研究、教学准备和评价等教学活动中的 ICT 运用能力达到 78.1%，指导学生信息伦理达到了 73.3%，授课中运用 ICT 的能力达到 65.5%，指导学生 ICT 能力达到 62.8%。

（二）课程目标瞄向终身学习

日本国家的 e-Japan、u-Japan、i-Japan 战略中无不将中小学信息教育作为实现其国家战略的重要部分，将其视为实现国家战略计划的重要基础和保证。日本颁布的新学习指导要领强调，在“知识为基础的社会”时代，要培养学生与社会相适应的能力与态度，并且为了使已习得的知识与技能等不落后于时代，需要不断地学习“更新”。信息运用能力是实现前述内容的基础，决定了信息课程的价值所在。在 2008 年的日本中央教育审议会中，信息教育被指为“为适应社会变化而要改善的教科事项”之一。

（三）课程内容与信息社会紧密相关

2012 年 4 月，日本中小学开始执行新的学习指导要领，该要领中关于信息课程的目标与内容如下。

初中阶段的信息教育的内容置于“技术・家庭”科的“技术领域”中，新的学习指导要领中“技术领域”的目标如下：通过动手制作等实践、体验性学习活动的参与，使学生习得有关材料与加工、能源转换、生物培育及信息等方面的基础知识与技术，同时加深对技术与社会、环境等相互间关系的理解，培养其对技术进行恰当评价和运用的能力与态度。学习内容由信息通信网络与信息道德、数码作品的设计与制作、基于程序的测量与控制等构成。

高中普通学科“信息”的总目标：习得运用信息及信息技术的知识与技能，形成有关信息的科学观点与思考方式，理解信息与信息技术在社会中所起的作用和影响，具备积极应对社会信息化发展的能力和态度。

“社会与信息”的目标是使学生理解信息的特征与信息化对社会的影响，培养其适当运用信息机器和信息通信网络等收集、处理和表示信息及有效进行交流的能力，培养其积极参与信息社会的态度。其内容包括四个部分，即信息的运用和表现、信息通信网络与传播、信息社会的课题与信息伦理道德、构建理想的信息社会。

"信息科学"的目标是让学生理解支撑信息社会的信息技术的作用和影响；同时习得将信息和信息技术有效运用于发现和解决问题时的科学观点；培养学生积极地奉献于信息社会发展的能力与态度。其内容包括四个部分，即计算机和信息通信网络、解决问题和运用计算机、信息的管理和问题解决、信息技术的发展和信息伦理。

（四）"信息"课程实施的新要求

新的学习指导要领对课程实施中的学习活动提出了以下要求。

（1）要在中学信息教育成果的基础上，努力达到信息科目的学习目标，要对其他各科目的学习有帮助，同其他学科展开协作。

（2）各科目的目标及内容中，要积极将应用计算机及信息通信网络的实践活动引入其中。

（3）各科目原则上要在同一年次学习。

（4）在进行利用信息工具的学习中，要从考虑学生的健康和习惯的观点出发，注意照明及计算机的使用时间。

（5）在考虑与公民学科及数学学科的关联性同时，要注意采取与目标相一致的学习指导。

而对于内容则要求：

（1）要贯穿整体的学习内容，培养学生知识财产保护和个人信息等信息道德意识。

（2）在整体学习的内容中重视体验式学习，培养学生实践能力和态度。

（3）课堂中涉及的具体情况，力求根据现实信息技术的发展具体对待。

四、日本信息技术课程发展的趋势

（一）信息科学与信息社会学内容进一步加强

2008年12月22日，日本书部科学省公布的新的学习指导要领对高中信息学科进行了修改，将"信息"学科的课程由原来的"信息A""信息B""信息C"的内容重新组合成"社会与信息"和"信息科学"两个科目；将信息技术渗透到这两个科目中，强调了信息科学和信息社会内容的学习。

（二）高度重视信息道德、伦理的教育

日本的信息学科各科目的内容中都涉及信息道德内容，并重视开展使学生掌握信息道德的学习活动，让学生不仅要掌握信息道德的基本规则，还要正确理解这些规则的含义，掌握即使是新情况下也能采取正确的行动等的观点和态度，并要求通过所有课程来实现对学生信息道德的培养。

（三）信息课程中小学一贯制体系化加强

与高中的信息学科内容相关联，新的学习指导要领中初中“技术·家庭”学科的信息技术部分也发生了变化。在上一次的学习指导要领中信息技术部分命名为“信息与计算机”，本次命名为“关于信息的技术”，并添加了对计算机信息处理原理、网络工作原理等内容。在新的学习指导要领中，小学“社会”学科五年级的学习内容在原有的对通信产业调查的基础上修订为对信息产业和信息社会的调查的学习，并在小学“综合学习时间”的内容指导中增加了对“信息”学习活动的指导。

（四）出现学科向小学延伸的呼声

在日本，虽然“信息”课程没有在小学作为独立课程或合科，但在教育现场和大学研究机构的研究者做了大量的实验性课程实践，并取得了一系列的研究成果。

（五）开始了信息教育向信息学教育的探索

日本信息教育学会、日本滋贺大学教育学部的松原伸一教授等提出了从信息教育走向信息学教育的设想，从 2009 年开始展开了一系列的研究，开发了中小学信息学 K12 课程。滋贺大学附属中学、京都教育大学附属桃山小学开展了“信息学”教育的实践。

第四章　我国信息技术课程发展的历史考察

尽管研究视角和划分标准不同，但是大多数的研究者都承认我国的信息技术课程是经历了30多年的辉煌历史的，而且在时间层面上是具有延续性和阶段性的。但是，课程是一个复杂的概念，课程历史也是一个宏大的主题，当我们对信息技术课程进行历史研究时，不可能将信息技术课程的一切都包揽无余，只能是有所选择和侧重。因此，面对我国信息技术课程发展的历史，本章不是以严格的“阶段化”的方式进行描述，而是从信息技术课程的诞生到成为一门学校课程的过程中所呈现出来的特征进行考察。

第一节　计算机科学开启信息技术课程

一门课程，“或者是对学生要求或抵抗的回应，也或许是来自于‘外部世界’的那些发明”①。信息技术课程在诞生之前，开启我国信息技术课程之旅的正是来自外部世界的那些发明，这个关键的“发明”就是计算机科学与技术。

一、计算机科学与技术的进化

古代人已经开始使用计算工具辅助完成简单的计算。古巴比伦人发明了一种用于计数和做简单计算的计算板，这种计算板通常是木制或石制的，计算板上有几道便于算珠或石头移动的凹槽。②中国最早的计算器则是古人发明的算盘，而且这种算盘沿用至今。计算科学的发展则为近代的计算工具提供了重要的理论支撑。

（一）近代的计算科学

世界上第一台数字计算器诞生于1642年，它是由法国数学家帕斯卡设计的，这台机器能够进行自动进位的加减法，它设计的基本原理为现代计算机的设计提供了重要参考。世界上第一台机械式计算机则诞生于1847年，英国数学家巴贝奇称之为机械式差分机，它可以完成31位数的运算，并能在纸上打印运算结果。而英国数学家布尔所建立的布尔代数，则为计算机的发明提供了数学基础，“0”与

① 艾沃·古德森. 2007. 教育、历史与社会之未来. 贺晓星，杨灿君，译. 教育学报，(6)：3-13.

② O'Regan G. 2008. A Brief History of Computing. London: Springer-Verlag London Limited: 1-70.

“1”在计算机的发明中起到至关重要作用，如计算机中的二进制；又如，1938 年，香农将数字电路设计时的低电平、高电平与布尔代数，以及数字库应用中的逻辑运算关联，而“图灵机”的设想也是源自布尔代数。

（二）电子计算机的诞生

ENIAC（图 4-1）诞生于 1946 年，这台被称为世界上第一台电子计算机的大家伙，是为了解决第二次世界大战时的原子核裂变的复杂运算而产生的，它有五种功能：每秒 5000 次加法运算、每秒 50 次乘法运算、平方和立方计算、cos 和 sin 函数计算、其他的复杂运算。虽然当时的研制者们把它称为“电子脑袋”，但它其实就是一屋子的机器。ENIAC 也有缺点，就是它没有任何内存，只能处理当下的数据，而当需要大量地运算时，它原先的设计方案就显得笨拙了，尤其它还是用十进制进行运算。此时，冯・诺依曼看到了这台大机器的缺陷，并提出了一个改进方案：一是用二进制代替十进制，从而提高电子元件的运算速度；二是将程序放在计算机内部的存储器中，这是所有现代电子计算机的范式，被称为“冯・诺依曼结构”。按照这种结构建造的“电脑”称为存储程序计算机，又称为通用计算机。时至今日，所有的计算机和相关技术的发展都无法绕开“冯・诺依曼结构”，它超越了品牌、国界和岁月。

图 4-1　ENIAC

（三）微型计算机走进个人生活

20 世纪 70 年代，美国已经有很多计算机爱好者，他们都急切希望自己能拥有一台计算机，但是市面上当时还没有这样的东西。1974 年，爱德・罗伯兹（Ed Roberts）的米兹公司全力开发个人计算机产品，米兹公司开发出来的计算机产品并不是像现在这样的一台完整的计算机，也没有现在的键盘、鼠标、显示器等输入输出设备，而仅仅是一套零部件，当然更没有软件，所有的操作都需要用户逐条指令地手工输入计算机。这就是世界上的第一台个人计算机，又称微机。这台个人计算机被当年的《电子科普》（*Popular Electronics*）杂志命名为“牵牛星”，全称是“牵牛星 8800”（Altair 8800）。

个人计算机的软件的开发是由保罗·艾伦（Paul Allen）和比尔·盖茨（Bill Gates）发起的，也让 BASIC 成为计算机的第一个语言。现在艾伦和盖茨的微软公司已经实现了当时公司建立时“每张办公桌和每个家庭都有一台计算机，每台计算机上都运行微软公司的软件”的宗旨。此外，“牵牛星”也影响了另外两个计算机爱好者史迪夫·乔布斯（Steve Jobs）和史迪夫·沃茨尼亚克（Steve Wozniak），他们把自己的计算机取名为“苹果”（Apple）。1976 年，苹果机变成了产品，售价 666 美元，一共售出了 175 台。从此，人们就再也离不开计算机了。

经过多年迅猛的发展，计算机似乎已经淡出了人们的视野，取而代之的是具有多重内涵和外延的“信息技术”产品，但是细细品味就会发现，人们谈论的信息技术往往离不开计算机，离不开计算机科学中最核心的布尔逻辑，离不开算法与程序，离不开计算科学，这些都是计算机科学与技术对信息技术的贡献。正是计算机使“信息技术”这个拥有丰富内容的名词重新焕发了活力，从而使以计算机科学与技术为基础的信息技术开启了新的技术革命，带领人们进入了信息时代。因此，计算机科学与技术是信息技术的重要奠基者，也是重要的载体。

二、计算机教育的萌芽

当一项发明从技术变为产品，就注定它要改变人们的生活，当微型计算机变成一个人人都可能拥有的产品后，它改变的除了生活，还有教育。20 世纪 70 年代以来，由于大规模和超大规模集成电路等计算机硬件科学与技术的飞速发展，微型计算机不断更新换代，价格也不断下降，计算机很快普及到社会各个领域并走进了千家万户，也走进了大学。

（一）20 世纪 40 年代面向专门人才的计算机教育

早期的计算机教育主要是面向大学生，20 世纪 40 年代，当 ENIAC 刚刚诞生，美国的麻省理工学院、哈佛大学、宾夕法尼亚大学、哥伦比亚大学和普林斯顿大学就已经开始出现介绍计算机的课程。我国的计算机教育也随着电子计算机的出现而开始，并且在中国已经走过了 60 多年的历程。1954 年，为了发展我国的核心技术与力量，清华大学受党中央委托，建设了一批与核心技术相关的专业，其中就包括计算机专业。1956年，清华大学成立了计算机专业。同时，教育部还抽调上海交通大学电机系三年级学生到清华大学计算机专业学习，目的是培养我国的航天核心人才，这是我国自己培养的最早的计算机专业人才。

（二）20世纪70年代开始起步的中小学计算机教育

当然，计算机教育已经不仅是大学教育中才能够接触到的，到了20世纪70年代，它已经走进了中小学。1979年12月，时任国务院副总理方毅将访问美国带回的一台计算机转赠给景山学校，这是进入我国中小学的第一台计算机，开启了我国中小学计算机教育之路。1982年，教育部要求北京大学附属中学、清华大学附属中学、北京师范大学附属中学、复旦大学附属中学和华东师范大学附属中学5所中学开设计算机选修课。截止到1985年，我国中学计算机教育很快由以上几所学校的试点全面展开，全国数千所中小学校先后配备了计算机，开设了计算机选修课、计算机必修课和计算机课外活动等不同组织形式的课程。

（三）20世纪80年代为改善中小学计算机教育学习环境的努力

虽然以苹果机为代表的个人计算机成为当时的主流趋势，但是其动辄上万的价格让计算机的普及成为摆在人们面前的难题。同时为了改善计算机教育的硬件环境，1986年由电子工业部等五个部委联合组织，清华大学主持设计的适合于中国青少年计算机教育的国产微型计算机——中华学习机，投入生产。中华学习机具有初级BASIC编程功能，可以打字，可以用字符画图。到了20世纪90年代，中华学习机已经进入很多的中国家庭，成为学生的学习工具。

北京景山学校和其他几所学校的计算机课程试验，给后续的计算机课程奠定了基础，积累了经验。从历史上来看，科学与技术的发展深刻地影响着人们所生活的世界，计算机科学与技术的诞生更是给世界带来了巨大的变革，其影响力的广度和深度都是历史上前所未见的。麦克卢汉在形容以计算机科学与技术为代表的现代信息技术的作用时说道："电子电路推翻了空间和时间的统治，让我们得以立即和持续地收到他人所关切的事务的信息，并在全球的规模上重构彼此的对话。其中最重要的信息即是彻底的改变（total change）。"①张怡等在《虚拟认识论》一书中提出："伴随着计算机和信息科学的发展，产生了认识技术，主客体之间的关系及对它们的理解和解释都出现了新的变化。"正如WJQ教授在访谈中所说：

这样一个新技术肯定是要改变中国的一个新东西。人类发展是否需要这样

① McLuhan M, Fiore Q. 1967. The Medium is the Message. London: Allen Lane: 25.

一门课程，或者讲人类发展或文化传承是否需要这样的课程，数学的传承需要过去，掌握任何知识都需要数学，所以数学课不得不学，信息技术课也是处于这样的地位，……但是你需要这方面的知识，人力，还需要这方面的思维习惯……

第二节　教育理念推动信息技术课程

在信息技术课程历史上，伴随着信息技术的发展，曾经有几种不同的教育理念影响着信息技术课程的发展，而这些教育理念正是当时人才培养与需求的重要体现。

一、计算机文化论

计算机文化论的核心思想是将阅读和编写计算机程序看成是同阅读和写作能力同等重要的能力，这种理念主导了我国早期的计算机课程的开发与实施，在课程目标中充分地体现了对“逻辑思维”能力培养的重视，课程内容以程序设计语言为主，在课程教学过程中则学习的是当时流行的 BASIC 语言。

（一）程序设计文化的提出

1981 年 8 月，苏联的计算机教育学家叶尔肖夫在瑞士洛桑举行的第三届世界计算机教育应用大会上作了著名的报告《程序设计——第二文化》，在他的报告中提到，不论我们意识到还是没有意识到，人类生活在一个“程序设计的世界”中。他指出：“最重要的是，文化与程序设计的技巧不仅仅是并行而又相互联系地发展的，而且它们相辅相成，形成人类思想的一种新的融洽。”[①]他还进一步提出：“实际上，整个生产关系，特别是生产过程本身都按照确定的程序活动。一个稳定的生产过程总是内部正规的，其效果取决于平稳地运行人类操作程序的情况。”他认为，善于编写程序是有效完成任务和有条理生活的关键，除了传统的读、写、算能力以外，人们还应该具有程序设计能力，这就是第二种文化——程序设计文化，通过程序设计可以培育程序设计意识与能力，从而培育计算机文化。

（二）在计算机文化的氛围中去理解现实世界

美国心理学家、计算机教育家西摩·佩珀特是著名心理学家皮亚杰的学生，

① 王吉庆. 1999. 信息素养论. 上海: 上海教育出版社: 116-120.

他回顾了皮亚杰有关具体思维与形式思维的研究，将皮亚杰的发生认识论与人工智能结合起来，开发了一种启发式的计算机语言，这就是 LOGO 语言。LOGO 语言是专门为儿童创建的，儿童可以在计算机上画图和进行拼词组合游戏，佩珀特希望通过 LOGO 语言的学习过程，让儿童学会学习、学会知识、培养能力，也学会与其他人一起工作，就像蒸汽机使得手工工作者的工作能力获得巨大的增长一样，计算机也能够提高人们的能力。因此，一个人使用计算机的技能会极大地决定他今后工作能力的价值。计算机文化在未来寻求职业过程中的作用也将非常重要。

（三）计算机文化是一种思维技能

除了寻找职业以外，计算机文化也是一种思维技能。计算机文化论认为信息社会的文明是以信息技术为基础，而计算机又是信息技术的核心，所以，人们的学习、生活和工作都无法离开计算机。比较人类思维活动的过程与计算机的工作原理及基本运作流程，就会发现程序设计与人们的思维活动有着极其密切的联系。让计算机去做人们想做的事之前，使用者应该清楚做什么，如果计算机没有完成需要它做的任务，使用者就要进一步思考所给它的指令，也许要经过实验以验证想法。这个过程就像是人们在撰写一篇文章，或是解决一道数学题目时所做的事情。阅读、写作和解题都需要思维，应用计算机工作也同样需要思维。因此，人们在计算机的应用过程中就形成一种新的思维方式，进而改进自己的生活与工作方式。计算机文化具有重要的历史地位，一直主宰着我国信息技术课程开展的教育理念。

二、计算机工具论

计算机工具论的核心思想是将计算机作为一种工具，也就是以计算机的应用为主，这种理念对我国 20 世纪八九十年代的计算机课程产生了重要影响，让这个时期的计算机课程目标定位在作为工具的计算机的应用能力方面，课程内容则是关于计算机的基本知识、基本操作及常用软件的学习。

（一）计算机文化论向计算机工具论的转向

从 1981 年到 1985 年，短短几年的时间，计算机教育理念已经从计算机文化论向计算机工具论开始转向了。1985 年，第四届世界计算机教育大会召开，有英国专家就提出应该把计算机作为一种工具，并得到了当时与会者的积极反响与普遍认同。同年，第四届世界计算机教育应用大会上，美国学者展示了其所在学校的计算机文化课程内容，这门课程的内容以数据库、文字处理等应用软件的使用为主，虽然该课程被命名为“计算机文化”，但它实质上已经转变为计算机工具的应用了。两个国际级的会议，向人们释放了一个重要的信号，那就是计算机工具论已经开始占据一席之地。

（二）计算机工具论侧重于应用的意识与能力

到了1990年的第五届世界计算机教育应用大会，人们已经普遍接受并认同了微软公司总裁比尔·盖茨提出的“计算机在未来社会就像现代社会人们家中通常必然会配备的螺丝刀一样”的理念。虽然，他主要的用意是使大家认识到软件产品的重要性，同时也让大家看到，人们在计算机的应用中更加注重个性化的，希望自己使用的产品是能够按照自己的想法及工作和生活的需要来进行配置，而且还可以完成生活中的各种工作和任务。因此，计算机变成了一种当时人们的常用工具，而计算机教育理念则相应地转变为计算机应用的意识与能力。

LDM老师亲历了计算机工具性转变的过程，并深有体会：

后来是哪年啊，那个Windows出来了，Win95，Win31、32，Wps出来了，就是1995年嘛，Win95出来了，接着Office也出来了。那时候有些人对这个程序设计就有不同的意见，当然教学过程中也有些问题，然后教学过程中忽然一下就转了，就把程序设计扔掉了，以后就开始学软件操作。这个阶段刚开始那软件还挺新奇，觉得还挺有意思，但是学着学着就没啥意思，对吧，所以那阶段咱们的课程又转了，转成学软件，大多数地方把程序都砍掉了。北京坚持了很多年，一直坚持，一直坚持，而且还划在统考里头，北京市年年统考，纸质那种考试，就有很多地方都给扔掉了，说还学什么程序设计啊，都是淘汰掉的，这个课程就不应该编程，就把它淘汰掉，北京在坚持，我们学校就继续在坚持，一直有这一块。那么，程序不是主要的了，就开始想办法讲软件，要是软件就一步步一步步，当时就……，倒是写了很多书那一段，出了很多书，就是怎么教软件，创造好多新奇教软件的一些方式，这样吧、那样吧，刚开始的那种工具软件以功能菜单为主的那种写法不行，又推出任务吧这样的。

三、信息素养论

信息素养论无论从内涵还是外延上都与之前的计算机文化论和计算机工具论有着巨大的区别，它的核心思想是将信息素养看作信息社会的整体素养的一部分，通过信息技术的运用解决与信息相关的各种问题，并形成与之相适应的信息能力。在它的主导下，我国的计算机课程转变为信息技术课程，课程目标定位于提升学生的信息素养，课程内容是以计算机技术为代表的信息技术的学习。

（一）信息素养的源起

当以计算机为核心的信息技术成为人们生活密不可分的一部分，信息技术已经成为一个具有重大价值的产业，而信息也成了人类社会发展的三大资源之一，时刻地影响着人们的生活。信息素养正是出现于这样的环境下，以美国为代表的西方发达国家的民众需要拥有一定的信息素养。

“信息素养”一词作为专业术语，源于图书情报领域的研究，是图书馆用户教育针对信息社会的图书馆用户所具备的能力而提出的，最早由保罗·泽可夫斯基（Paul Zurkowski）提出，他认为“所有经过训练把信息资源运用于工作中的人称为具有信息素养的人，他们已学会利用大量的信息工具及主要信息源使问题得到解答的技术和技能”。此外，大众传播领域也对信息素养进行了界定，塞斯·哈梅林克（Cees Hamelink）认为这种对信息的选择利用与信息素养有联系，并界定为获得全面、独特、独立的新闻事件的能力。[①]这个时期的信息素养强调的是信息的应用。

（二）信息素养的发展

20 世纪 80 年代刚开始，新的信息技术开始普及全社会。1982 年，《时代》杂志选择计算机作为机器年。弗里斯特·霍顿（Forest Horton）受机器年的启发，提出了计算机素养，计算机素养只与计算机相关，是软硬件知识的集合，但是信息素养的范围则要超越计算机素养，包括了对知识的意识、应用计算机解决问题，以及获得数据和文件的方法。霍顿还列举了一些计算机辅助工具，其中包括联机数据库、电子邮件及图书馆网络等。此外，他还列举了一些新兴的计算机技术，如光纤、机器人技术等。面对这些新兴的计算机技术，人们需要全新的知识与技能，因此，20 世纪 80 年代的信息素养主要面向的是计算机工具的使用、计算机应用技能的发展及利用计算机解决问题。

（三）信息素养的教育

推动信息素养教育是 20 世纪 80 年代国际性的话题，很多国家都在探索。1981 年，荷兰成立专门的机构教育和信息技术咨询委员会（ACEIT）向学校介绍信息技术课程，并建议 12～16 岁的中学生都应该学习信息技术。ACEIT 将这门新的课程称为 ICL，即信息素养与计算机素养课程，同时规定了这门课程的目标是“使用计算机以获取信息来解决某一问题或了解某一学科，以及对这一过程进行控制的知识及技能”。课程内容包括四个方面：信息技术应用、信息及数据处理、数据处理系统及信息技术的社会意义。

20 世纪 90 年代初，ICL 课程几乎已在所有中学使用。课程强调信息处理技能，且认为数据和信息是两个不同的概念。课程的“重点是通过应用信息技术找

---

① 金国庆. 1996. 信息素养一词的概念分析及历史概述. 国外情报科学, (1): 26-33.

出相关信息以解决问题”[①]。同一时期，我国台湾地区也在由政府主导开展信息素养教育，与荷兰不同的是，我国台湾地区的信息素养教育从小学一直延伸到大学，除了组建计算机教室，还通过对教师进行培训的方式，将信息素养教育全方位铺开。

信息素养也是一种文化的延伸，只不过它是信息社会的一种文化，它应该并已经逐步发展成为信息社会人的整体素养的一部分。信息素养论从而引发了传统计算机课程的内容、结构、教与学方法等的全面变革。“信息素养”被引入基础教育后，我国成功地实现了从计算机课程到信息技术课程的转变。

关于在我国的信息技术课程中培养信息素养，WJQ 教授这样说：

当时取信息素养名的时候，为什么叫信息素养，当然在我那本信息素养论里谈到了，看到很多国家的情况，特别是我国的情况，为什么不叫网络、多媒体、计算机文化等，主要是信息技术发展是无限的，如果再出现新的技术的话，将来是不是要搞什么光素养、云素养等的，但是信息技术是广义的，与应用信息技术有关的素养就是信息素养，只要是运用信息技术的素养就是有关的，这个实际上本质讲到底就是这意思。但是我用了素养名字后，我发现后面存在的问题，陈至立在会上讲了以后，大家理解是不一样的，有很多东西，大家可能，我用了英文名字以后，IL 也是一个很广的含义，第一个含义就是扫盲，有很多人理解为扫盲，在 2000 年提扫盲的含义也还可以，当时信息技术没有普及，扫盲是应该的……

从计算机文化论到计算机工具论，再到信息素养论，无论是哪种教育理念引领下的信息技术课程，最终的目标指向的都是人。这些理念通过信息技术课程作用于人，让人的发展产生了可持续性，这种可持续性是不同时期的社会对人的不同需求的体现，反之也证明了这些理念存在的价值与意义。

第三节　课程政策支持信息技术课程

政策为学校科目的诞生和发展提供了合法性，并为其在学校的课程空间体系中谋取相应的地位。[①]信息技术课程政策是信息技术课程的载体，本书从 1982 年以来已颁布的与信息技术课程有关的政策文件入手，认真研究相关的政策文本，一方面是从文本中发现课程政策的执行与影响范围；另一方面，将信息技术课程放在当时的环境中加以考察，看到政策执行者和课程实施者的努力。

从表 4-1 和图 4-2 可以看出，我国信息技术课程政策的制定和颁布总体上呈

① 石艳. 2005. 信息技术课程的诞生——一项课程社会史的个案研究. 南京：南京师范大学硕士学位论文.

现上升趋势，但是并没有规律性，这与一定时期对信息技术课程的需要有一定关系，也与不同时期对信息技术课程的重视程度相关。总体上来看，课程政策支持下的我国信息技术课程交织着国家的顶层设计与地方的实践探索。

表 4-1　国家层面信息技术课程文件颁布数量（1982～2015 年）　（单位：个）

年份	1982	1983	1984	1985	1986	1987	1988	1989	1990
数量	0	1	1	0	0	1	0	0	0
年份	1991	1992	1993	1994	1995	1996	1997	1998	1999
数量	1	1	0	3	0	2	4	0	1
年份	2000	2001	2002	2003	2004	2005	2006	2007	2008
数量	4	2	0	1	0	0	0	0	0
年份	2009	2010	2011	2012	2013	2014	2015		
数量	0	0	0	0	0	0	0		

资料来源：根据中国政府网站、报刊、相关法规汇编和各种历史文献等资料整理统计而成。

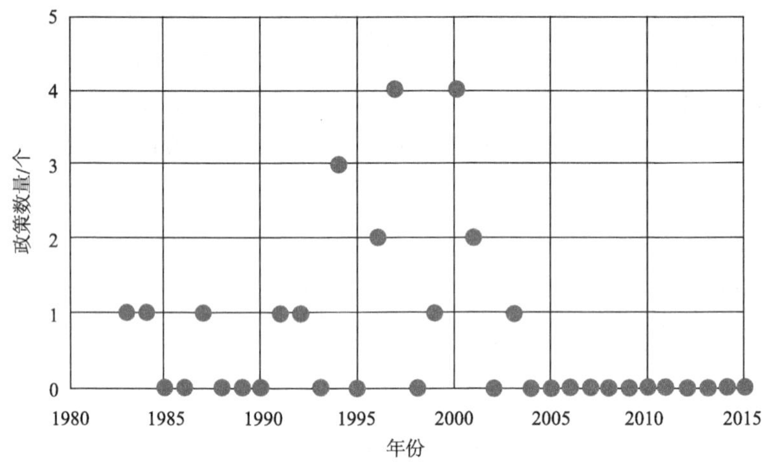

图 4-2　信息技术课程政策年度分布趋势

资料来源：根据中国政府网站、报刊、相关法规汇编和各种历史文献等资料整理统计而成。

一、国家层面的顶层设计

（一）“从娃娃抓起”的计算机选修课

1984 年 2 月 16 日，邓小平同志在上海观看电子计算机表演时，提出了“计算机教育的普及要从娃娃抓起”的口号，这成为计算机课程最初身份得以确认的最高指示，也是 20 世纪 80 年代以后计算机课程发展的重要保障。对于刚刚起步的计算机课程来说，这“从娃娃抓起”也让计算机课程从中学慢慢地扩展到了低学段。

国家先后于1983年和1984年召开了两次“全国中学计算机教育工作会议”，并于1984年颁布了《中学电子计算机选修课教学纲要（试行）》，计算机选修课的课程目标包括三个方面：一是“初步了解计算机的基本工作原理和它对人类社会的影响”；二是“掌握基本的BASIC语言并初步具备读、写程序和上机调试的能力”；三是“逐步培养逻辑思维和分析问题解决问题的能力”。课程内容包括计算机工作原理及BASIC程序设计语言，其中既有理论课又有上机操作课。

1986年召开的全国中学计算机教育工作会议确定了我国计算机课程要在试点的基础上逐步扩大，并同时决定在1984年教学纲要的基础上增加计算机软件应用等相关内容。

1987年10月28日，《普通中学电子计算机选修课教学大纲（试行）》颁布实行，课程目标规定“电子计算机选修课的教学，在于使学生初步了解电子计算机在现代社会中的地位和作用，锻炼学生应用电子计算机处理信息的能力，提高学生的逻辑思维能力及创造性思维能力。通过电子计算机选修课的教学，要求学生初步了解电子计算机的基本工作原理及系统构成；会用一种程序设计语言编写简单程序；初步掌握电子计算机的操作并了解一种应用软件的使用方法”。课程内容除了计算机工作基本原理、程序设计语言，还增加了“电子计算机操作与应用”的内容，包括数据库、电子表格和文字处理等。

（二）国家层面计算机课程指导纲要的出台

1991年第四次全国中小学计算机教育工作会议以后，一系列关于计算机课程的政策文件相继出台，将我国计算机课程从中学延伸到了小学，进一步拓展了计算机课程的实施范围。具体政策文件见表4-2，其中1994年10月7日印发的《中小学计算机课程指导纲要（试行）》对中小学计算机课程目标和内容有了更加详细的规定，并以此文件为契机，首次确定了计算机课程在中小学的学科课程的地位。1997年10月15日《中小学计算机课程指导纲要（修订稿）》发布，并于1998年秋季正式实施。

表4-2　1991～1997年大事记

时间	事件
1991年10月	第四次全国中小学计算机教育工作会议，柳斌作《积极稳步地发展中小学计算机教育》的总结报告
1992年2月	“全国中学计算机教育研究中心”更名为“全国中小学计算机教育研究中心”
1992年7月	国家教育委员会颁发《关于加强中小学计算机教育的几点意见》
1992年8月	“全国中小学计算机教育领导小组”成立
1993年9月	全国中小学计算机教育工作座谈会召开
1994年5月	国家教育委员会表彰计算机教育先进工作者和先进集体

续表

时间	事件
1994 年 9 月	国家教育委员会确定北京师范大学附属中学等 18 所第一批全国中小学计算机教育实验学校
1994 年 10 月	国家教育委员会颁发《中小学计算机课程指导纲要（试行）》
1996 年 9 月	国家教育委员会颁发《中小学计算机教育软件规划》（1996—2000）
1996 年 12 月	国家教育委员会颁发《中小学计算机教育五年发展纲要》（1996—2000）
1997 年 10 月	国家教育委员会颁发《中小学计算机课程指导纲要（修订稿）》
1997 年 11 月	国家教育委员会颁发《中小学教学软件审查标准》《教育软件使用文档编写指南》《中小学教学软件审查办法》

（三）提升国民素质，信息技术课程应运而生

到了 21 世纪，信息技术产业已成为世界经济的新的增长点，世界各国也非常重视信息技术产品的研发和应用。很多学者预测，21 世纪将成为信息社会，信息将成为一种新的资本，决定未来世界经济格局的决定性因素。审时度势，国家于 20 世纪 90 年代末召开了一系列具有里程碑意义的“工会会议”。

2000 年 10 月 25 日，全国中小学信息技术教育工作会议召开，此后，国家相继出台了《关于在中小学普及信息等技术教育的通知》《关于在中小学实施“校校通”工程的通知》和《中小学信息技术课程指导纲要（试行）》三个重要文件，这也标志着我国信息技术课程的正式诞生。信息技术课程的课程目标分学段设置，课程内容以计算机和网络技术为主，并以模块化的方式组织课程内容。具体的课程目标与内容见表 4-3。

表 4-3　2000 年各学段信息技术课程目标与内容一览表[①]

学段	课程目标	课程内容
小学	（1）了解信息技术的应用环境及信息的一些表现形式 （2）建立对计算机的感性认识，了解信息技术在日常生活中的应用，培养学生学习、使用计算机的兴趣和意识 （3）在使用信息技术时学会与他人合作，学会使用与年龄发展相符的多媒体资源进行学习 （4）能够在他人的帮助下使用通信远距离获取信息、与他人沟通，开展直接和独立的学习，发展个人的爱好和兴趣 （5）知道应负责任地使用信息技术系统及软件，养成良好的计算机使用习惯和责任意识	模块一　信息技术初步 模块二　操作系统简单介绍 模块三　用计算机画画 模块四　用计算机作文 *模块五　网络的简单应用 *模块六　用计算机制作多媒体作品

① 教育部. 2001. 教育部关于印发《中小学信息技术课程导纲要（试行）》的通知. http://www.moe.edu.cn/publicfiles/business/htmlfiles/moe/moe_445/200503/6319. html[2015-12-27].

续表

学段	课程目标	课程内容
初中	(1)增强学生的信息意识，了解信息技术的发展变化及其对工作和社会的影响 (2)初步了解计算机基本工作原理，学会使用与学习和实际生活直接相关的工具和软件 (3)学会应用多媒体工具、相关设备和技术资源来支持其他课程的学习，能够与他人协作或独立解决与课程相关的问题，完成各种任务 (4)在他人帮助下学会评价和识别电子信息来源的真实性、准确性和相关性 (5)树立正确的知识产权意识，能够遵照法律和道德行为负责任地使用信息技术	模块一　信息技术简介 模块二　操作系统简介 模块三　文字处理的基本方法 *模块四　用计算机处理数据 模块五　网络基础及其应用 *模块六　用计算机制作多媒体作品 模块七　计算机系统的硬件和软件
高中	(1)使学生具有较强的信息意识，较深入地了解信息技术的发展变化及其对工作、社会的影响 (2)了解计算机基本工作原理及网络的基本知识。能够熟练地使用网上信息资源，学会获取、传输、处理、应用信息的基本方法 (3)掌握运用信息技术学习其他课程的方法 (4)培养学生选择和使用信息技术工具进行自主学习、探讨的能力，以及在实际生活中应用的能力 (5)了解程序设计的基本思想，培养逻辑思维能力 (6)通过与他人协作，熟练运用信息技术编辑、综合、制作和传播信息及创造性地制作多媒体作品 (7)能够判断电子信息资源的真实性、准确性和相关性 (8)树立正确的科学态度，自觉地按照法律和道德行为使用信息技术，进行与信息有关的活动	模块一　信息技术基础 模块二　操作系统简介 模块三　文字处理的基本方法 模块四　网络基础及其应用 *模块五　数据库初步 模块六　程序设计方法 *模块七　用计算机制作多媒体作品 模块八　计算机硬件结构及软件系统

注：*表示内容为选修。

1999 年 1 月，国家启动了基础教育课程改革工作，第八轮基础教育课程改革开始了，2000 年，教育部公布了《基础教育课程改革项目概览》，其中涉及的项目有 9 大类 78 个总项目。同时，参与课程改革的专家队伍由学科专家、课程专家和一线教师组成，用了近两年的时间完成了普通高中 15 个学科课程的课程开发工作。

2003 年 3 月 31 日，《普通高中技术课程标准（实验）》正式颁布，信息技术课程成为我国普通高中的一门必修的学科课程。课程标准的颁布“标志着信息技术课程走入国家课程体系”[①]。课程标准规定普通高中信息技术课程的目标是“提升学生的信息素养”，课程内容以必修课和选修课的方式组织，其中必修课程是

① 顾建军，李艺，董玉琦. 2004. 普通高中技术课程标准(实验)解读. 武汉：湖北教育出版社：5.

信息技术基础，可供选修的课程包括算法与程序设计、多媒体技术应用、网络技术应用、数据管理技术和人工智能初步。

二、地方层面的实践探索

（一）学校成为课程政策的先行者

计算机课程最初是以课外活动小组的形式在北京景山学校开端，就像一粒种子在这里生根发芽，并为后来的全国的计算机课程实验提供了宝贵的经验。2015年是北京景山学校55周年校庆，在学校的校史展厅里，展示着1979年由时任国家科学技术委员会主任方毅转赠给北京景山学校，也是出现在我国中小学校园里的第一台计算机。

关于课程的内容和教材的使用情况，对于刚起步的计算机课程，课程内容也受制于当时计算机水平的发展，图4-3～图4-5是北京景山学校曾经使用过的计算机教材。

图 4-3　北京景山学校初期使用的计算机教材

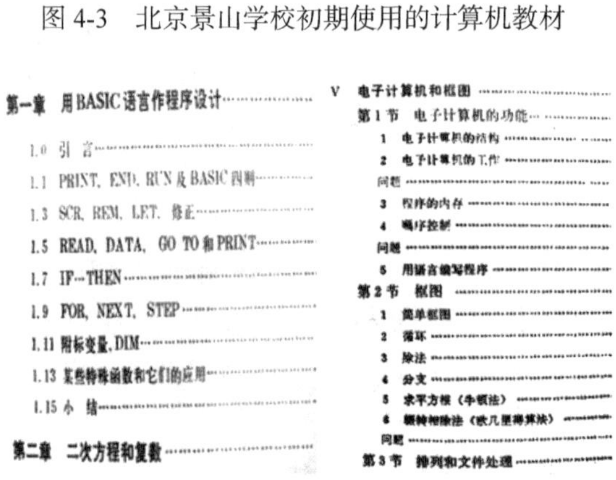

第一章　用BASIC语言作程序设计……………

1.0 引　言……………
1.1 PRINT, END, RUN及BASIC四则……………
1.3 SCR, REM, LET, 修正……………
1.5 READ, DATA, GO TO和PRINT……………
1.7 IF…THEN……………
1.9 FOR, NEXT, STEP……………
1.11 附标变量, DIM……………
1.13 某些特殊函数和它们的应用……………
1.15 小　结……………

第二章　二次方程和复数……………

V　电子计算机和框图……………
第1节　电子计算机的功能……………
1　电子计算机的结构……………
2　电子计算机的工作……………
问题……………
3　程序的内存……………
4　程序控制……………
问题……………
5　用语言编写程序……………
第2节　框图……………
1　简单框图……………
2　循环……………
3　除法……………
4　分支……………
5　求平方根（牛顿法）……………
6　辗转相除法（欧几里得算法）……………
问题……………
第3节　排列和文件处理……………

图 4-4　《统一的现代数学》和《数学》计算机相关目录

微电脑学习手册

第 一 册

北京景山学校电子计算机组

目 录

图 4-5 北京景山学校自编教材

关于当时计算机课程的实施情况，SYW 老师特别回忆了 1983 年庆祝六一儿童节时的两位孩子和他们使用计算机时的情景：

为了和试验校教学内容基本一致，学校决定购置一台能够进行 BASIC 语言教学的计算机。于是经过考察从北京工业大学购进了一台固化了 BASIC 语言的 TP-803 计算机，记得买这台单板机好像花了 4500 元左右，在当时对于一个中学，4500 元可不是个小数目。

记得 TP-803 计算机只有一块主板，内存 16k，Z80 的操作系统，固化了扩展 BASIC。在北工大给这台机器配了个黄颜色的铁壳，把学校一台 24 英寸匈牙利的黑白电视机改装成了显示器，为了移动方便，把一个课桌固定在一个四个小轮子的小车上，把 24 寸的电视机放在课桌上，需要时推着这个活动的课桌到教室上课，上完课再推回来。

上面这张照片是一本杂志 1983 年庆祝六一儿童节时的封面，这本杂志我一直保留着，十年前为庆祝景山学校计算机教育二十年，学校要出一个纪念册，作为资料我把这本保留已久的杂志交了出去，估计这本杂志现在也找不到了。

照片上两个戴着红领巾的孩子是当时六年级计算机小组的同学，指着屏幕的是余晨同学，操作计算机的是李葆春同学，这两个孩子都是最早参加计算机小组学习的同学，我还记得拍照片的时候他们很想展示一下自己编写的“蛇吃豆”的游戏程序，但是封面要体现六一儿童节的题材，经过规劝他们制作了这个“欢庆六一”的画面，桌子上放着的小录音机是这台机器的外存储装置，普通磁带是存储介质，每次程序的存储和调用都需要将音量调整到合适的位置，稍有偏差程序的存储和调用都会失败。

（二）教师为执行课程政策不懈努力

20世纪八九十年代，虽然是1987年的《中学电子计算机选修课教学纲要（试行）》推出后的那段“沉寂期”，但是我国的计算机课程在学校里开展得依旧如火如荼，尤其是计算机教师一直都在自己的实践中探索着，为计算机课程不懈地努力着。辽宁省的LS中学从20世纪80年代开始开设计算机选修课，也是国家一系列的计算机课程政策的忠实执行者。WZ老师已经是LS中学的第二代信息技术教师，他参加工作的时候是1992年，但是他和他的同事们并没有停止对计算机课程的探索。

（三）地方政府因地制宜加快政策推进

国家层面的政策出台后，地方政府需要在第一时间做出反应，或是积极推行政策，或是因地制宜地出台相关的地方性政策、文件，以适应当地教育发展的需求。2001年辽宁省教育厅下发了《关于全省中小学开设信息技术课程有关问题的通知》，见图4-6，强调了在高中开设信息技术课程的基础上，至2005年实现全省中小学开设信息技术课程的目标，并详细设置了“辽宁省中小学信息技术教学内容安排”。

政策出台时，辽宁省教研员YJX老师做了很多工作：

指导纲要出来后的10年是我省信息技术发展最好也是最快的时间，那时候国家没有明确规定中小学信息技术要单独开课。但是纲要下来以后，我就去跑教育厅，去当时管咱们的基教处找领导，找了好多次，终于让厅里下了一个文件，是以厅的名义下发的，很有说服力的，就是让信息技术单独在初中和小学开课。那时候有的村小学上信息技术课，根本没有机房，老师就在黑板上画计算机是什么样的，条件很差，我们教研员应该说是冲在最前面的，我们那时候经常下去检查课程落实情况，就说这个文件大家就很重视这门课的建设了。

此外，在国家政策出台后，尤其是20世纪八九十年代，大量地方性的计算机课程教材涌现，其中既有计算机课程教师自编的教材，也有地方教育部门组织统一编写的教材。辽宁省的教研部门就在1997年组织编写了一套教材《计算机》，见图4-7，供小学、初中和高中学生使用。

辽宁省教育厅文件

辽教发[2001]47号

关于全省中小学开设信息技术课程有关问题的通知

图 4-6 辽宁省中小学信息技术课程开设的通知

图 4-7 辽宁省计算机教材（1997 年、1998 年版）

关于当时教材的编写过程，WXY 老师谈道：

当时国家教委颁发了《中小学计算机课程指导纲要》，根据纲要的精神和要求，结合我省教学实践，叶主任组织了一帮有经验的一线中小学教师和我们这些教研员，认真研读纲要，编写提纲，在这基础上，编写了一些中小学计算机教材，我当时负责小学计算机教研，所以我是小学教材编写组里的成员，那是 1997 年。后来，1998 年，国家教委又颁发了纲要的修订稿，由于计算机的编程语言、工具软件都升级了，所以我们又组织对 1997 年的教材进行了修订，修订的时候，LOGO 语言由原来的 1.0 版本，升级为了 4.0 版本。

那时候，我们部门负责着好几个课外活动比赛，信息学奥赛、学生计算机作品大赛，有这些课外活动和比赛，老师的热情都很高，学生也有一些作品，对我们这个课来说也是更充实了。

我们当时召开了各种形式的交流会、培训会和研讨会，还组织评选了省级示范课、优质课，还出台了我们省自己的学科教学评价标准，可以说是把国家层面的课程指导纲要更细化，也结合我们省的实际变得更有地方特色了。

当前，普通高中信息技术课程已经从当年的几个实验区发展到了全国范围的课程改革实验，我国信息技术课程进入了另一个新的历史时期。回顾几十年来信息技术课程政策的发展历程可以看出，信息技术课程的改革和发展是一项非常复杂的过程，既有国家的顶层设计，也不能缺少地方政府、学校和教师对课程政策贯彻与实施所付出的努力和探索。

总之，从我国信息技术课程的演进来看，信息技术课程的发展过程，在某种意义上也是一种与课程的外部环境协调的过程。这些外部环境就是知识、人才及社会三方面的因素，不断革新与发展计算机科学与技术推动着社会的进步，教育理念指出了信息技术课程应该“培养什么样的人”，课程政策规定了信息技术课程“什么知识最有价值”，信息技术课程正是这三者在不同的发展阶段相互调适的结果，当三者的相对平衡关系被打破后，革新的信息技术课程就出现了。

第五章　我国信息技术课程发展的现实透视

在此次新课程改革的过程中，没有哪个学科能像信息技术课程那样，既是一门年轻的学科，又具有鲜明的时代特征。随着课程标准实施时间的推进和信息社会的迅速发展，信息技术课程设计之时的理念是否扎根人心？信息技术课程沉淀了什么？人们对课程的期待是什么？本章将通过调查数据和笔者的民族志观察日志来透视信息技术课程发展的现状。

第一节　信息化社会为学生营造新的学习环境

阿尔温·托夫勒（Alvin Toffler）认为，人类社会的第三次浪潮是从工业社会走向了信息社会。在信息技术浪潮的冲击和影响下，社会的形态和学生的生活状态都发生着巨大的变化。

一、社会进入信息化时代

有人认为，衡量一个社会是否进入信息时代应该有一个明确的指标，即通过网络覆盖率、知识利用率等数据来进行判断。信息技术带来的社会生活全方位的改变，深刻影响着经济、政治、文化等社会发展的各个领域。从社会学的意义上看，这一变革在社会结构上的意义无异于又一次“大转变”（great transformation），波兰尼（Polanyi）则认为“网民”的出现是信息时代来临的重要标志。

2015 年 7 月 23 日，中国互联网络信息中心（CNNIC）发布了第 36 次《中国互联网络发展状况统计报告》。该报告显示，截至 2015 年 6 月，我国网民已经达到 6.68 亿人，见图 5-1，与 2002 年的 4580 万人相比，短短的十余年时间，增长了十多倍。其中，手机网民从 2007 年的 4430 万人，增长到 2015 年的 5.94 亿人，且逐渐成为主要的互联网接入方式的人群。

CNNIC 的报告中指出：截至 2015 年 6 月，我国网民以 10～39 岁年龄段为主要群体，与 2014 年底相比，20 岁以下网民规模占比增长 1.1 个百分点。网民中小学及以下学历人群的占比为 12.4%，较 2014 年底上升 1.3 个百分点。可以预见，以互联网为代表的信息技术正在向低龄群体和低学历人群扩散和渗透，详见图 5-2、图 5-3。

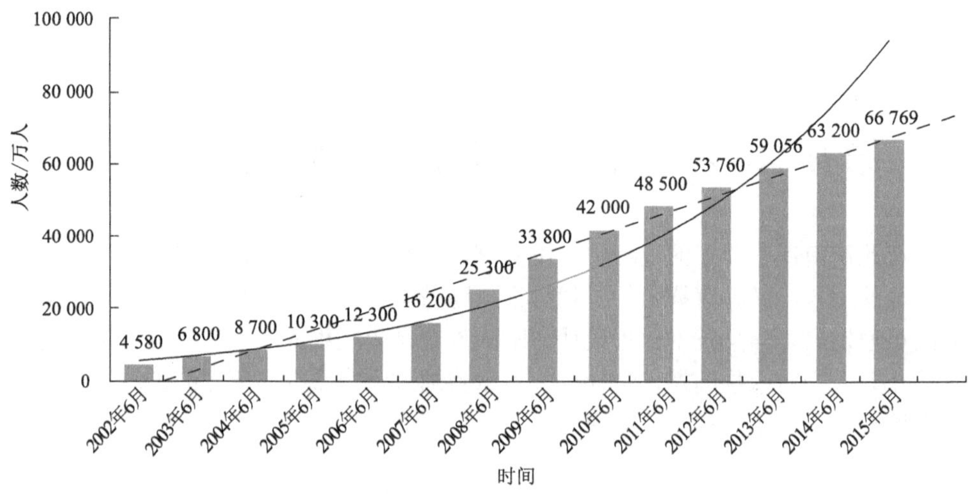

图 5-1　中国网民规模（2002～2015 年）

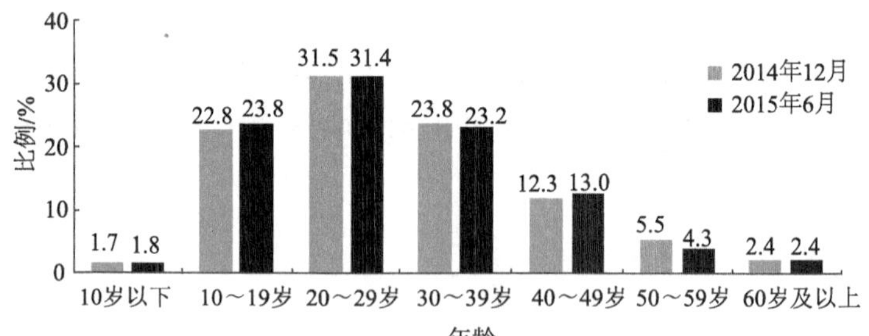

图 5-2　中国网民年龄结构（2015 年）

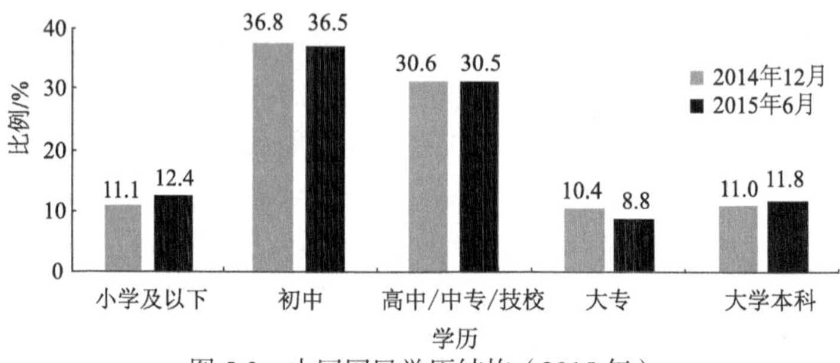

图 5-3　中国网民学历结构（2015 年）

在对 WJQ 教授的访谈中，WJQ 教授还谈到了国家的信息化与人才和课程之间的关系：

我们国家要信息化，“五化”里面信息化还是摆在非常重要的位置，而且只有信息化才能实现其他的现代化，这用不着多讲道理，但是信息化条件最急需的就是信息化人才，而且让每个人有信息化的情感、意识、能力，所以国家需要信息技术课程……

信息社会（information society）[①]在潜移默化中全面而深入地席卷中国人的日常生活。信息社会的崛起，也同样强烈地发生在当代中国经济社会转型进程中。信息社会的发展正在为学生营造和形成新的学习环境，而这种新的学习环境则在潜移默化中影响和改变着学生的日常生活方式和思维方式，置身其中的学习者，其所处的生活情境、交往情境和社会情境，也在发生着可以显著感知的变化。习近平同志在2015年第二届世界互联网大会上的讲话中说道："以互联网为代表的信息技术日新月异，引领了社会生产新变革，创造了人类生活新空间，拓展了国家治理新领域，极大提高了人类认识世界、改造世界的能力。"[②]尽管各自表述不同，但共同的认识是，"信息社会"已经伴随着信息革命而来临，而进入信息时代是在20世纪90年代，也就是说，正在上高中的学生是伴随着信息时代而来，他们与中国社会的信息化一起成长。就当代中国社会转型而言，也许我们再也找不到另外一段历史与之相比：一个庞大的社会在极短时间内经历了翻天覆地的变化，更加令人惊奇的是，这一变化还是一场"静悄悄的革命"。

二、学生以信息化方式生活

以手机为代表的信息技术产品已经成为学生的日常用品，网络的应用也深刻地影响着学生的日常生活，学生在生活中已经或多或少地表现出对信息技术产品的依赖。在对LY教授的访谈中，LY教授对技术与人的关系进行了阐述：

人与技术的相互影响，人的存在随技术的改变而改变，技术也在不断发展影响人的各种东西，技术是一种新的文化背景，增量的文化背景，所以是整个序列里不同的构成部分，所以信息技术在不断影响人……

（一）信息技术产品的持有情况

从本书对学生的问卷调查结果（图5-4）来看，高中学生作为本书中的调查对象，被问到"以下的信息技术产品你有哪个"时，有84.70%的学生拥有智能手机，53.40%的学生拥有台式电脑，28.30%的学生拥有笔记本电脑，32.10%的学生拥有平板电脑，没有相关信息技术产品的仅占学生总数的14.50%。

除了信息技术课程，学生在学校中接触信息技术产品的机会也很多，虽然有

① 需要注意的是，按照卡斯特尔的区分，信息社会的核心——知识与信息的传播——贯穿于人类的历史，而"信息化社会"（informational society）才表明当代社会组织的特殊属性，即新的技术条件使得信息的生产、处理与传递成为一种"信息方式"（mode of information）进而支配现代社会运行，而卡斯特尔仍然采用"信息社会"这一概念，主要是为了承接以往讨论的沟通便利，不致产生误解。

② 习近平. 2015. 习近平在第二届世界互联网大会开幕式上的讲话. http://news.xinhuanet.com/politics/2015-12/ 16/c_1117481089. htm[2015-12-16].

很多学生承认“学习任务重，没有时间使用这些设备”，相对于其他的信息技术产品来说，学生更会将手机这样的移动通信设备带在身边，以便满足他们随时接入互联网的需求。从调查问卷的结果（图 5-5、图 5-6）来看，86.0%的学生每天会携带手机上学，而且会有 31.4%的学生“课间休息时，用手机上网”。

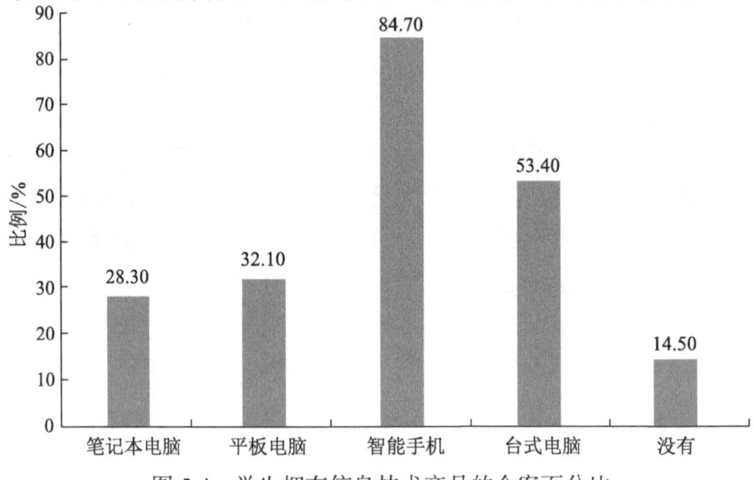

图 5-4　学生拥有信息技术产品的个案百分比

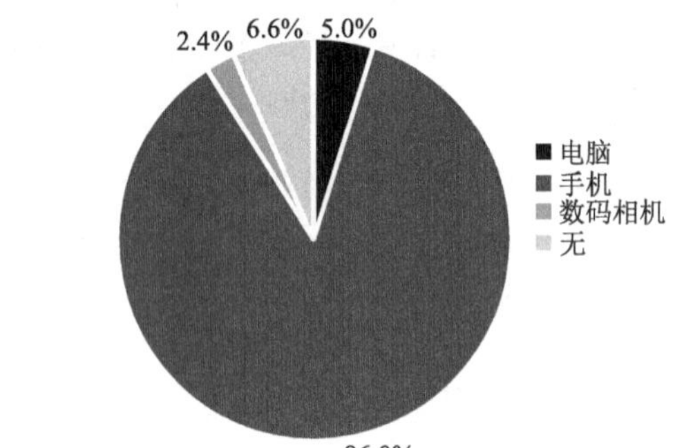

图 5-5　学生携带的信息技术产品分布图

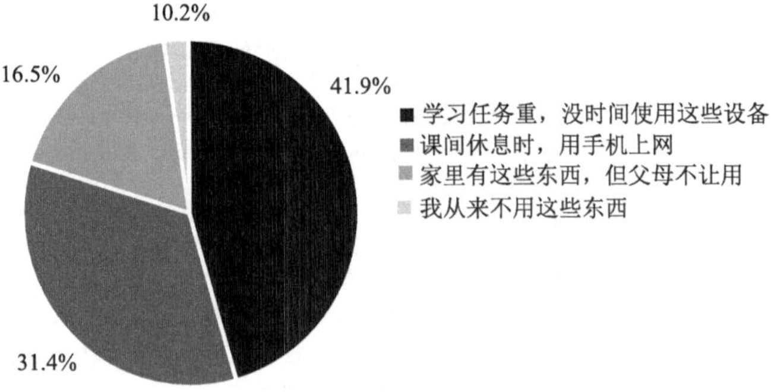

图 5-6　学生利用信息技术产品的场合分布图

虽然学生对信息技术产品的更新换代情况都保持着“一般”的心态，但仍有24.0%的学生表示出对信息技术产品的更新换代的关心。学生尤其关心手机和网络的更新和进展情况，其中 74.0%的学生关心手机的进展情况，远超其他信息技术产品，见图 5-7、图 5-8。

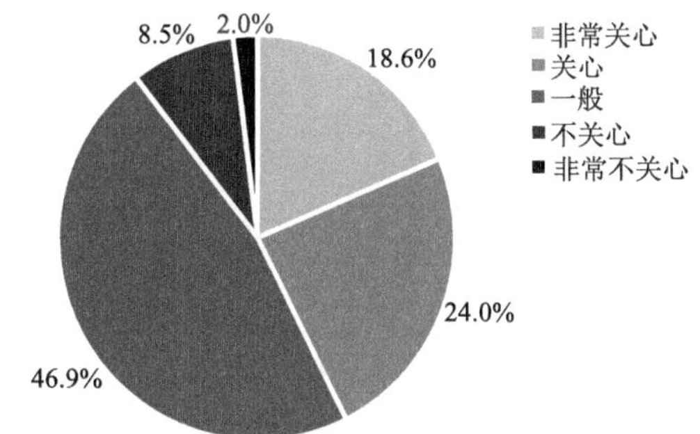

图 5-7　学生对信息技术产品的关心程度

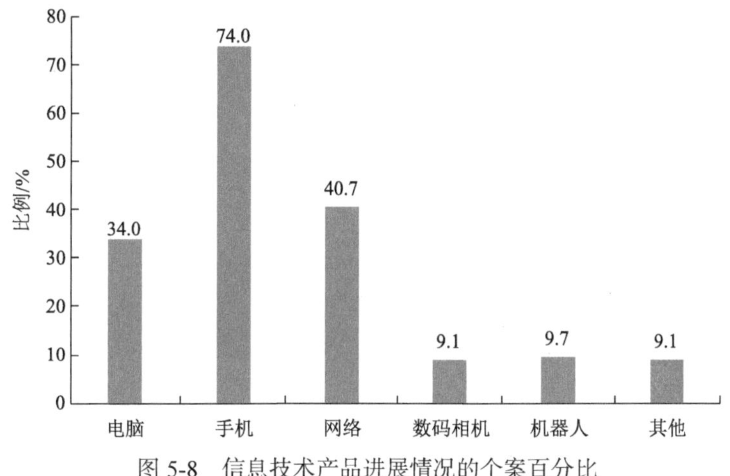

图 5-8　信息技术产品进展情况的个案百分比

（二）信息技术产品的使用情况

对于各类信息技术产品的用途，学生的回答主要集中在跟朋友或家人沟通、看视频和浏览网页三个方面，其中有 71.8%的学生选择用信息技术产品跟朋友或家人沟通，见图 5-9。有 94.6%的学生拥有自己的 QQ 空间，62.5%的学生拥有微信，见图 5-10。而且通过发 QQ 或发微信的方式与人沟通的学生也占有相当大的比例，分别是 58.6%和 35.2%，见图 5-11。此外，有 68.6%的学生用信息技术产品看视频，并有 29.3%的学生拥有某视频网站的账号，36.6%的学生拥有购物网站的账号，34.8%的学生拥有网游账号。可见，信息技术给学生带来的除了生活上的交流方式的改变外，还有购物方式和娱乐方式的转变。

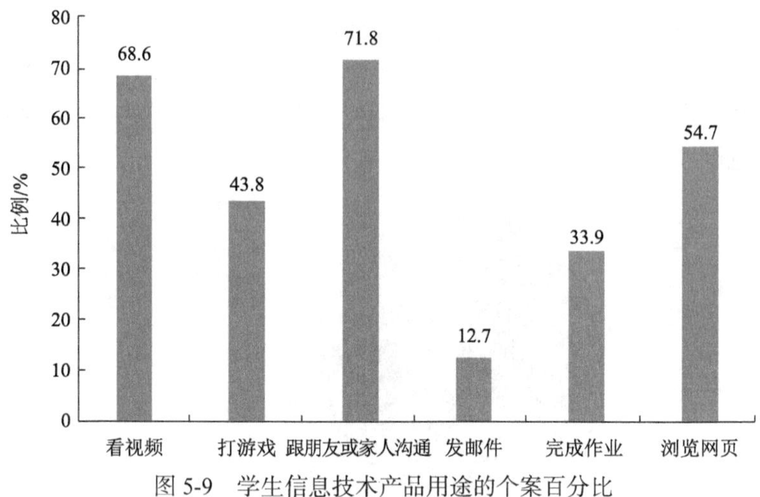

图 5-9　学生信息技术产品用途的个案百分比

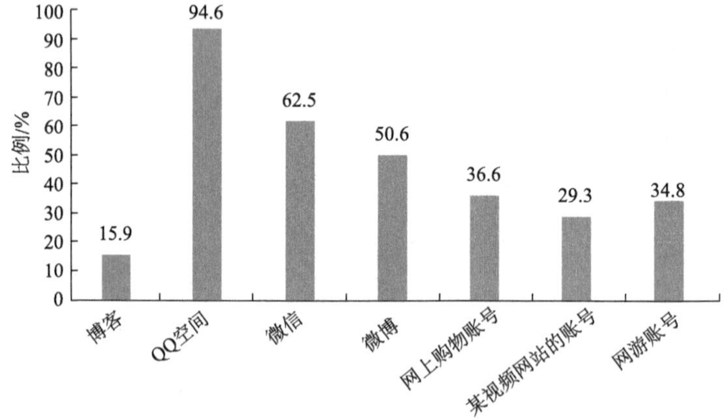

图 5-10　学生信息技术应用活动的个案百分比

学生通过各种方式接触和使用信息技术产品，并让这些信息技术成为他们生活中不可分割的组成部分，与他们的父辈不同的是，信息技术几乎伴随在他们的成长过程中，不仅改变了他们的生活与学习的环境，更改变了他们学习和生活的方式，学生在 “课堂之外有远比课堂丰富的信息技术使用体验” ①。

信息技术课程设计之初，在课程的设计理念里提到“营造良好的信息氛围”，通过分析前面的调查结果可以发现，在多年的课程实践过程中，信息技术课程已经为营造信息氛围和学习环境提供了一个良好的契机，让学生能够在经历了信息技术课程的学习之后，借助信息技术工具进行学习资源的获取，改变自己的学习

① 顾小清，林仕丽，汪月．2012．理解与应对：千禧年学习者的数字土著特征及其学习技术吁求．现代远程教育研究，(1)：23-29.

方式，以及进行基于网络的问题解决。可以肯定的是，信息技术课程为学生融入快速发展的社会、进行终身学习提供了良好的知识保障。

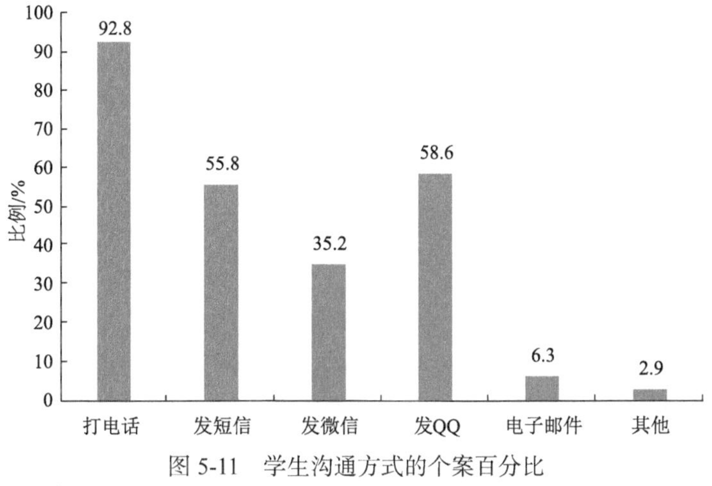

图 5-11　学生沟通方式的个案百分比

《普通高中信息技术课程标准》在 2003 年制定之时，我国正处于信息社会大发展的初期，教育信息化方兴未艾，是一个普及信息技术、推动信息技术应用的时期，需要使人们形成应用信息技术的意识，以及理解、应对因应用信息技术而带来的方方面面的影响。而当前的信息技术环境与《普通高中信息技术课程标准》制定之初相比，已经有了较大改变，正是个人的社会行动和社会互动在整体层面塑造出一个“信息社会”。①从前面的调查结果中可以发现，作为信息社会的个体的学生在这样的大环境下，他们个人生活方式和学习方式上也呈现出了新的变化与特征。他们喜欢用社会化软件进行人际交往与沟通，遇到问题时会想起“上网寻找解决办法”，面对很多信息技术课堂上对学生上网的限制，他们更喜欢网络的开放，除了“能够拓宽视野”，更重要的是通过网络查找资源，并进行自主学习。

第二节　学生已经成为“数字土著”一代

一、“数字土著”的表现

在以信息技术课程为依托所营造的信息环境中，学生拥有了前所未有的成长经历，从而使得现在的学生已经能够潜移默化地接纳新一代信息技术及其产品，这些技术和产品也成为学生的学习和生活中不可分割的组成部分。在今天的孩童眼中，

① 胡飞飞. 2008. 信息社会、社会分化与数字鸿沟. 北京：北京大学硕士学位论文.

光盘和网络就好像成人眼中的空气一般稀松平常。计算不再只和计算机有关，它决定我们的生存。[①]Marc Prensky 给现在的学生找到了一个合适的称谓——“数字土著”[②]。因此，现在的学生既是“具有良好信息素养的公民”，又是“数字土著”，而这些被称为“数字土著”的学生伴随飞速发展的信息技术而成长，他们在生活、工作和学习中大量地使用数字化的资源和技术，形成了数字化的生活方式和思维方式，同时他们有全新的认知方式和学习方式，在信息技术的支持下，对学习新事物抱有更积极也更开放的态度。

二、“数字土著”的诉求

“学生作为课程决策的一个依据往往被摆在文化内容资源的对立面，而很少要求必须满足学生的兴趣和需要。对所提倡的这些资源至少有三种处理办法：第一，为课程决策所提供的资料要进行必要的评估；第二，要鉴别和描述儿童和青年的发展阶段；第三，更为彻底的是，干脆让学生告诉你他希望把什么东西作为他的课程。”[③]因此，学生对信息技术课程的诉求，也是本次调查的重要方面，本书在学生问卷中设置了一个开放性问题“你认为信息技术课应该是什么样的”，由学生自己来描绘他们对信息技术课程的诉求。有 661 名学生对该问题进行了回答，但是学生的回答均以文本的形式记录和保存，不能用量化分析的方式进行数据的分析，为了对这些文本数据做出一个比较全面的解释性理解，本书选择了 NVivo8.0 软件进行文本的处理和分析。

（一）学生诉求的收集与分析

将 661 份学生回答的结果合并到一个 Word 文档后，导入 NVivo8.0 软件，之后就要进行整个数据分析的最重要、最关键的一步，就是数据的编码。NVivo8.0 的编码分为三个阶段：开放式编码、轴心式编码、选择式编码。开放式编码属于意义形成阶段，通过“在 NVivo 中编码为自由节点”的方式，编辑导入后的材料，寻找相关的内容，编码至相关的节点下，此阶段，得到了“快乐”“自主”“上网”等 20 个自由节点。编码的第二个阶段是轴心式编码，即概念形成阶段，本阶段对 20 个自由节点编码进一步归纳、概括，进行相同或相近的编码的合并，并理顺编码的层次，此阶段，将所得出的自由节点合并为 13 个节点，节点分布情况见图 5-12。编码的最后一个阶段是选择式编码，即类别的形成阶段，将上述编码后的 13 个节点进行高度概括和分类，从而形成 4 个树节点，第二阶段形成的 13

① 尼古拉·尼葛洛宠帝. 1997. 数字化生存. 胡泳，范海燕，译. 海口：海南出版社：2.

② Prensky M. 2009. 数字土著 数字移民. 胡智标，王凯，编译. 远程教育杂志，(2)：48-50.

③ 乔治·A. 比彻姆. 1989. 课程理论. 黄明皖，译. 北京：人民教育出版社：77.

个节点作为 4 个树节点的子节点，详见表 5-1。

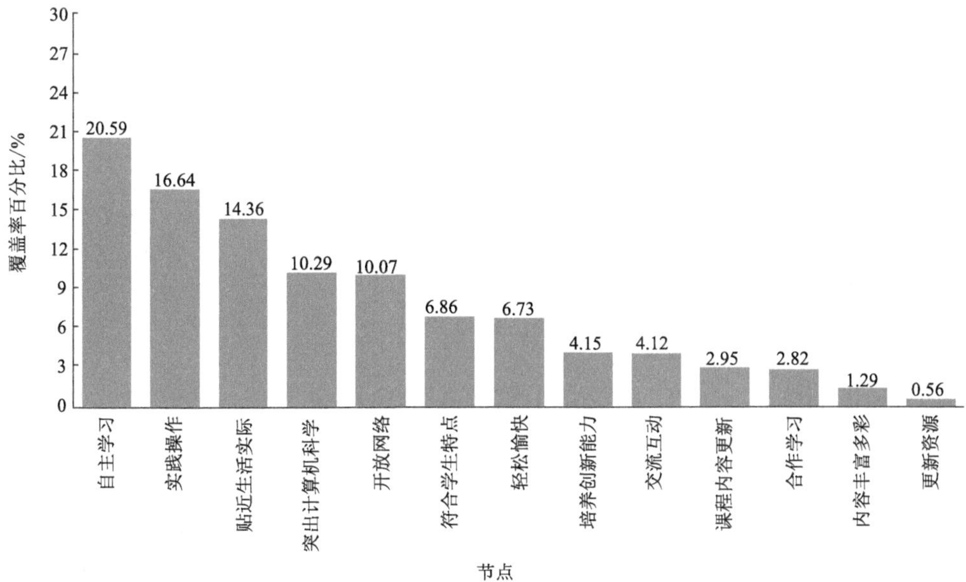

图 5-12　学生问卷开放式问题节点分布情况

表 5-1　学生问卷开放式问题编码表

树节点	子节点	参考点	举例
价值需求	符合学生特点	60	多做一些有趣味的操作，更易于接受，更能激发学生的兴趣 应该是充满了乐趣，愉快新奇的气氛 充满乐趣的、生动的
	培养创新能力	25	适当渗透一些较高水平的信息技术，教会学生创新应用 给学生足够的创新空间，毕竟自己发现的东西更容易记住，况且信息技术就是以创新为主 更加活跃，能激发同学的创新创造能力
	贴近生活实际	98	讲述生活中最具有实际意义的信息技术知识 学习一些在生活中常用的、实用的知识 上课讲的在生活中很少用到，希望每台电脑都有上课的软件，这样能在家练，做视频完成学校的任务方便 可以在实际生活中运用而不是只适合于考试
课程内容	内容丰富多彩	24	学生认为信息技术课应该是丰富的，不要太单调 信息技术课应该是非常丰富多彩的 使学生的知识了解更广阔，开阔视野

续表

树节点	子节点	参考点	举例
课程内容	突出计算机科学	60	教学内容简单，大部分初中都学过，应该增加难度，深入学习其他知识，包括计算机编程，如果内容过简，课程的增加就是没有意义的 教给我们技巧，编写程序，制作网页等
	课程内容更新	22	教授时下流行的智能设备应用，如智能手机安卓系统的底层构架，以及应用软件的程序编写，讲授无线路由器的原理 信息技术课应是学习最新的科技，增加学生的见识，提高学生的科学素养 关注信息发展，随着信息的发展知识水平要不断进步
学习环境	更新资源	8	具有先进的教学设施 应该是相当好的电脑，要不影响操作 创建学习平台 教学生利用网上的各种资源网站寻找各种知识
	开放网络	62	有网上，从来没有过上课有网 上课电脑可以适当联网，在学生电脑上安插 Wi-Fi，方便学习交流 应开设网络，因为现在学生的视野面太小，更何况住校生对于国家大事或新闻一概不知，根本没有时间，也没有机会去了解，所以应给予学生更多的时间去学习信息技术这门课程 自由上网，网速全开
	轻松愉快	60	学习氛围轻松愉快 在快乐中获得知识 欢快、活跃、不用死记硬背知识点
学习方式	合作学习	23	同学互相学习、共同进步 课堂充实，再增加一些合作探究 学生一起讨论学习，可以增加学习兴趣
	交流互动	35	信息课同学间的交流合作很少 学生进行更多的互动交流 教学任务完成后，给学生时间交流讨论 老师和学生有多的互动，并且能够多提问学生，及时纠正学生的问题
	实践操作	113	以老师讲课为辅，学生动手为主，锻炼学生能力 老师上课讲的内容少一些，学生动手操作时间多一些 应多上机房课，若有理论课也可偶尔上，应多让学生自己动手操作
	自主学习	139	自主学习比硬性吸收强得多 主要应该让学生自主探究，多上网探究，不要让老师演示、学生照搬 希望相应减少基础知识，多让学生自主地完成和探索

（二）学生信息技术课程诉求模型

通过在 NVivo 软件中构建节点之间的关系模型，本书得出了学生对信息技术课程的诉求模型，详见图 5-13。分析发现，学生对信息技术课程有四方面的需求：价值需求、课程内容、学习方式、学习环境。此外，本书用同样的方法分析了教师问卷的开放式问题“您认为信息技术课程需要做哪些改进”的回答数据，得出了教师对信息技术课程有三个方面的期待：价值需求、课程内容和课程评价。所以学生和教师在课程内容和价值需求上都有相同或相近的关注。例如，在价值需求方面，学生和教师都关注“符合学生特点”“贴近生活实际”；在课程内容方面，学生和教师都关注“突出计算机科学”，此外，在课程内容和知识的调整上也都有相近的关注。而学生除了关注价值需求和课程内容，还更关心自己学习方式的改变和学习环境的改善。例如，学生在学习方式上希望能够“自主学习”“实践操作”“合作学习”“交流互动”，而在学习环境上希望能够“开放网络”“轻松愉快”“更新资源”，详见图 5-14。

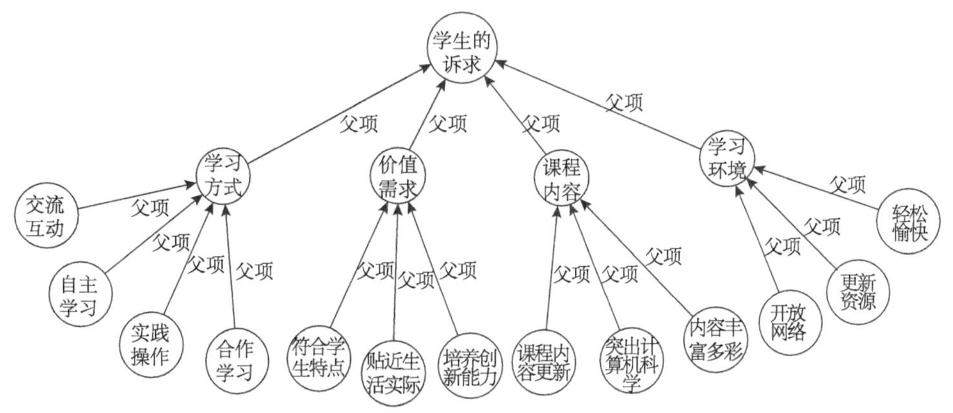

图 5-13　学生诉求模型图

教育需要培养怎样的人？教育应该采用什么样的方法和途径？这些问题都是建立在对“人”的认识基础之上的。要使“人”的教育得以顺利展开，其前提是对“人”的充分理解。因此，认识人是教育的本有之意。信息技术课程的设计理念之一就是“使高中学生发展为适应信息时代要求的具有良好信息素养的公民”，经过多年的实践，信息技术课程已经为社会培养了成千上万具有信息素养的公民。通过对前面调查结果的分析，可以发现正是学生在信息技术课堂外的数字化体验和对这门课程的关注和体验，才让学生对信息技术课程有了更多的期待和诉求。学生期待着信息技术课程能够朝着满足自己的需求与个性化的方面发展，同时更加期待课堂学习环境的改善和学习方式的自主化。

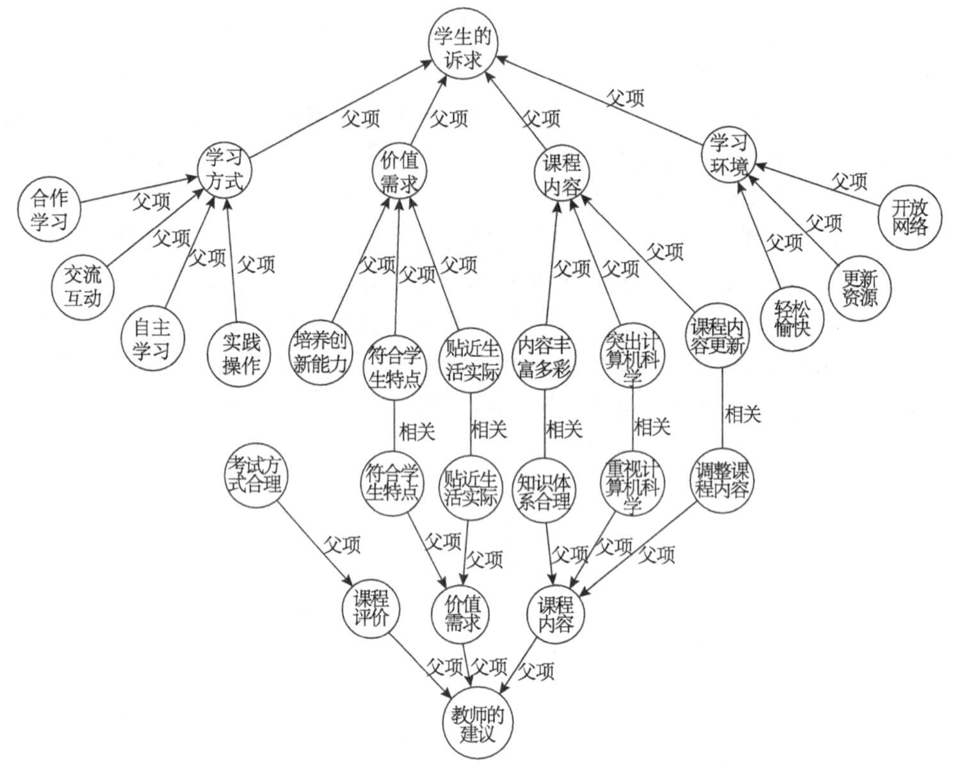

图 5-14　学生与教师对课程的期待关系图

第三节　信息技术课程已不能满足信息时代人才培养的需求

在信息技术课程实施的过程中，课程的直接施力者是教师和学生，本书将通过学生、教师、专家对信息技术课程的看法，呈现信息技术课程的实施状态，并让我们从中看到自信息技术课程标准实施十多年来，信息技术课程标准的落实情况。

一、“提升信息素养”不适应学生发展的需要

课程目标规定着课程内容的选择和组织，是课程实施的基本依据和课程评价的主要准则。信息素养是 21 世纪初教育的主流思想，为信息技术课程建设与教学规范起到了重要作用，但仅以“提升信息素养”作为课程总目标的定位已不适应学生发展的需要。21 世纪初，计算机和网络的应用为实施新的教育教学理念注入了动力与活力，培养信息素养成为教育的一种主流思想，但是作为“数字土著”一代的学生从小就有较多的机会从家庭、社会接触并学习一定的信息技术知识与

技能，而且义务教育阶段的信息技术课的推进也为学生提供了一定的信息技术基础。从前面的调查结果中发现，无论是教师、学生还是专家，都表达出了对当前的课程目标的适切性的一些看法，调整或重新定位课程目标是大家都关注的焦点，因为这关系到了学生的发展，而且学生在对课程的诉求中，更期待课程目标的清晰性和明确性，有的学生认为“走进学生的生活中，才会使我们更加热爱学习，发自内心地学习，不至于去厌恶它，把它仅仅当成一种任务，而是当成一种乐趣，才会使我们学习更完美”。除了原来的目标中描述的“解决实际问题的能力”，学生更希望信息技术课程还要能够培养创新能力。

课程目标与定位是对某一门课程的预先设定，是学生在这门课程的学习中应该达到的状态，课程标准中提出了信息技术课程的课程理念，一共有五个方面：一是提高信息素养，培养信息时代的合格公民；二是营造良好的信息环境，打造终身学习的平台；三是关注全体学生，建设有特色的信息技术课程；四是培养解决问题的能力，倡导运用信息技术进行创新实践；五是注重交流与合作，共同建构健康的信息文化。这些理念更让我们明确了信息技术课程的目标和定位。

（一）不能满足学生未来的需要

高中阶段的课程目标既要满足学生毕业升学的需要，也要满足学生就业的需要，所以“提升信息素养”既要满足信息技术课程应尽的育人义务，也要让信息技术课程承担社会责任。当信息技术教师被问到“当前的信息技术课程能否满足高中学生毕业的需要”时，有51.8%的教师持否定的意见，见图5-15。可见信息技术课程在“培养信息时代的合格公民”的理念上，并没有完全达到要求。但就升学来说，信息技术课程却为高中学生步入大学或在大学相关专业继续求学奠定了一定的基础，持这种观点的教师分别占70.2%和81.7%。

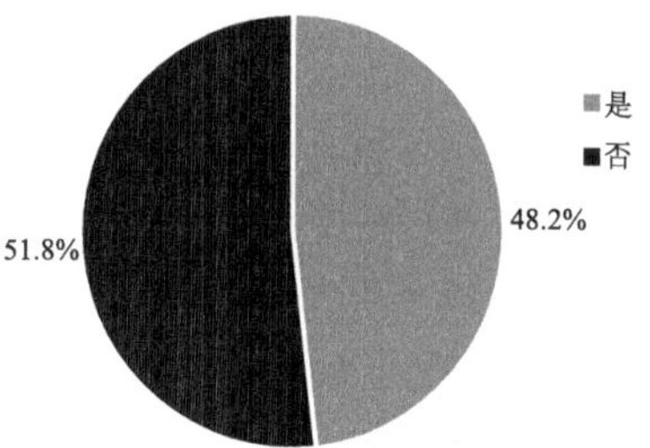

图5-15　教师对信息技术课程满足学生毕业情况的意见

（二）对教学实践指导性不强

信息技术课程的总体目标是提升学生的信息素养，具体表现为对信息的获取、加工、管理、表达与交流的能力；对信息及信息活动的过程、方法、结果进行评价的能力；发表观点、交流思想、开展合作与解决学习和生活中实际问题的能力；遵守相关的伦理道德与法律法规，形成与信息社会相适应的价值观和责任感。课程目标的文字表述清晰，但其所界定的部分概念外延过于宽泛，很多专家和教师都反映难以指导教学实践，对课程目标的重新界定的呼声越来越多。以下是课程专家的看法：

LDM 老师：我个人认为国家还是给了我们这样一块地方，毕竟是必修课。但是发展还是不太理想，也就说这个课究竟怎么教，目标是什么，价值是什么都不知道，不明晰，信息素养比较空啊，怎么落到课堂上呢，老师不知道啊！一线老师最最困难的是我怎么把这个信息素养落到课堂上去，像我做课标的，想了那么若干年才有那么一点点想法，你要给一个一般的老师来做这件事情难度是非常大的，所以呢，我们这个课程我个人认为发展得不是太好，也就是说实施阶段，实施的效果不是太好。这样的话，你想想就影响效果，所以各种各样的声音就来了，你的课有没有价值开呀，什么什么的。那么我们老师的地位也没有相应的，我觉得是一个恶性循环在里面，老师呢也没有成就感，你的课怎么成那个样子，所以他也不信任他，他也不信任他，自己干着也没有劲，大多数地方有好的，但是呢不是太理想。

FDR 教授：模块与目标脱节了，所以一般教师不看目标，就看模块。素养的东西也在不断完善，媒体素养是什么，包含什么，网络素养、计算机素养都有，所以信息素养把这些都包含进来，不断提高，不断跟上去，一定不能定位成活动课程和操作课程，应该是有关信息学科的，具体内容要对信息素养分析后，而不是笼统地说，实际上选修课不是延续大学计算机科学的内容。再有就是定位的问题，我始终有这个认识，不能把信息技术课作为操作性课程开，不能是技能课，应该是一种信息的使用课。

WJQ 教授：我比较急的就是信息素养定义要重定，每年教育技术协会都在通过出的册子不断更新，包括技术的发展、人们需求、社会需求、人们认识的发展，需求的发展很简单，如果原来 10%信息化的时代，扫盲是必要的，现在是 60、70 甚至 80 的时代，不能再搞扫盲了。

此外，还要注意到的是信息素养已经不仅是信息技术课程的培养目标，现行的义务教育物理课程标准和语文课程标准中已经分别提到，会利用多种渠道收集信息，有初步的信息收集能力，经历信息处理过程①，初步具备搜集和处理信息的能力②。信息素养培养的泛化导致学生的信息素养在信息技术课程之外也能够获得，这在一定程度上也限制了信息技术课程的长远发展。

---

① 中华人民共和国教育部. 2012. 义务教育物理课程标准(2011 年版). 北京：北京师范大学出版社：6.

② 中华人民共和国教育部. 2012. 义务教育语文课程标准(2011 年版). 北京：北京师范大学出版社：7.

二、课程内容的设置不符合学生的现实情况

课程内容是课程的核心要素，承载着特定的课程目标。在关注课程目标的适切性的同时，被调查者们也对课程内容的合理性提出了自己的看法，其中反应最普遍的是课程内容的重复现象，这种“重复”劳动，会让学生失去对信息技术课程的兴趣，信息技术课程的地位在学生心目中自然也不会高，因此学生除了普适性的信息技术应用，他们更想学到以计算机科学为代表的系统化的知识，因为他们觉得“知识太零碎，学过的东西很快就忘”，更有学生感慨“信息技术课不应该是教一些高端大气上档次的东西么，怎么讲的东西这么基础，一般玩过电脑的都能会吧”。当然，课程内容的重复除了出现在信息技术课程知识体系内，还存在于学科之间，如与数学课程在算法内容上的重复。

本书的课程内容主要体现在作为文件课程的课程标准和为课程编制的教材两个方面。高中信息技术课程包括必修与选修两部分，共六个模块。从体系上看，必修的“信息技术基础”模块，“与九年义务教育阶段相衔接，是信息素养培养的基础，是后续选修模块的前提”。

（一）与义务教育阶段衔接的问题

高中信息技术课程内容是假设了学生在义务教育阶段都已经学过信息技术课程。对高中生卷的统计结果发现，小学学过信息技术课的学生比例达到 71.7%，初中学过信息技术课的学生比例已达到 75.3%，见图 5-16。学生在上高中前的信息技术水平已经有 82%的学生达到“一般”及以上，而且有 10.9%的学生的信息技术水平“非常好”，见图 5-17。这是一个令人满意的结果，但是这之中也有一个多年来存在的、各方面人士普遍反映的问题，那就是与义务教育阶段的课程内容的重复。

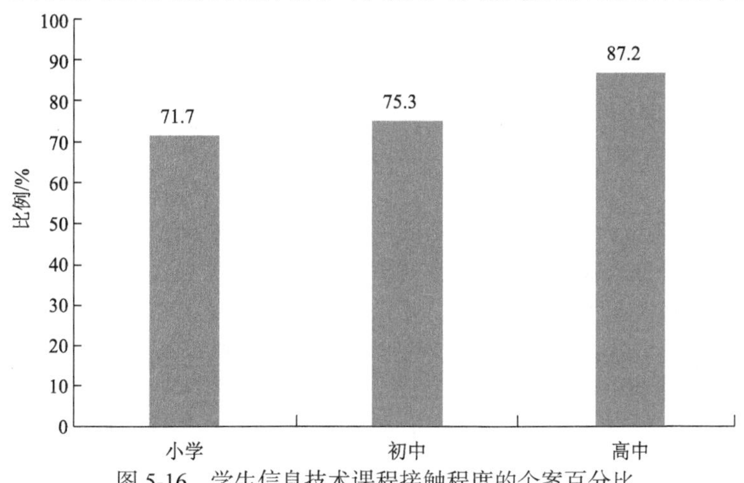

图 5-16　学生信息技术课程接触程度的个案百分比

高中学生在被问到“信息技术课的难易程度”时，有13.7%的学生认为“很容易掌握”，51.7%的学生能够“基本掌握”，见图5-18。在被问到“感觉有多少在上高中前就学过的”，将近75%的被调查学生认为课程内容重复率在20%以上，见图5-19。

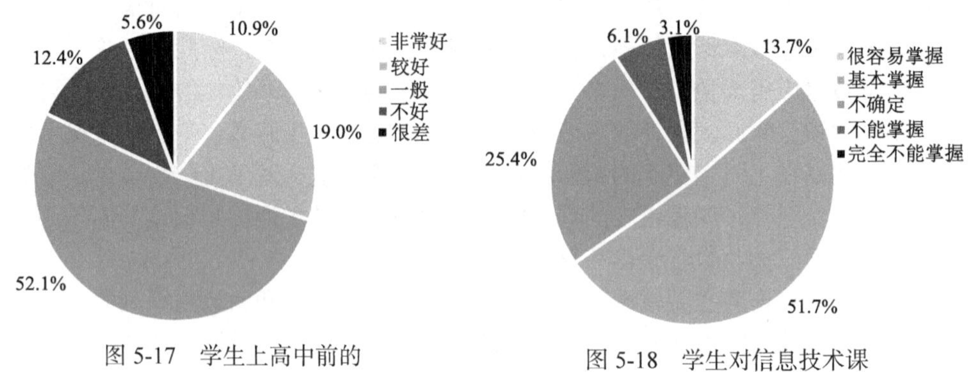

图5-17　学生上高中前的信息技术水平

图5-18　学生对信息技术课难易程度的态度

此外，专家和教研员都表达了对各学习阶段内容重复的问题的看法：

WJQ教授：你看过2000年的指导纲要，那里面初中小学都是那几个东西，那上课、教材方面无非是软件换一换。前面口号可能提得很好，提高信息素养，但是信息素养到底是什么，具体落实就没有了。在前面缺乏顶层设计，就是国家层面上的，义务阶段的标准制定，高中的标准也要修改了，从软件工程上讲就是Top-down，你Top没有，有模块了没有路线图，数据流没有搞清楚，所以导致小学、初中都上一样的课，到高中还要补课。

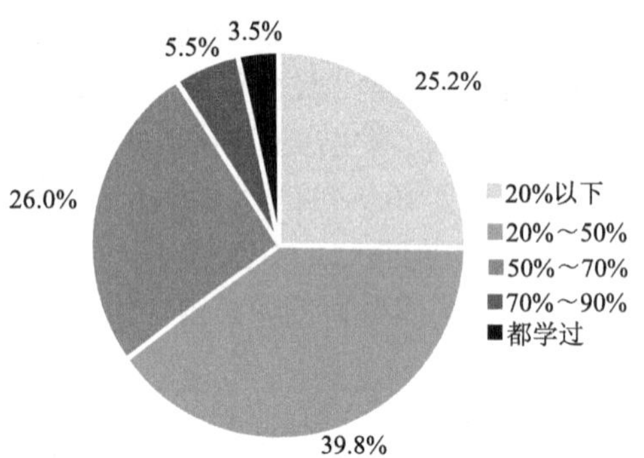

图5-19　以前的学习与高中内容重复程度

WXY老师：一个Word软件，一个Flash，小学学，初中学，到高中还学，我们每年看优质课的时候，不管哪个学段都有这些东西。2000年的指导纲要摆在那，到现在都15年了，2003年的高中课标，到现在也12年了，我们无论是编教材还是上课都要按这两个走，但是这两个文件时间跨度在那，内容也很多重复，有时候我们也无奈。现在我们省教育厅正在制定中小学各阶段、各学科的学业质量评价标准，开会的时候人家别的学科都有课标中的评价标准在手里拿着，唯有我们学科，就一个纲要放在那，啥标准没有，我们只有找省里各市的优秀教师来一起商量评价标准，没办法，国家不动，我们自己得往前走啊。

（二）学科间的内容交叉的处理

课程标准已经提到了学科间内容交叉或重复的问题，如在算法与程序设计模块，就提到了“应注意与数学课程中有关内容的衔接，要强调理论与实践的结合”。在教师被问到“信息技术课程内容是否与高中其他学科知识有重复之处”，调查结果显示，有 56%的教师认为信息技术课程的内容与其他学科的相关内容存在着交叉的问题，而且 40%的教师会“与其他学科教师沟通，配合着讲”，见图 5-20。

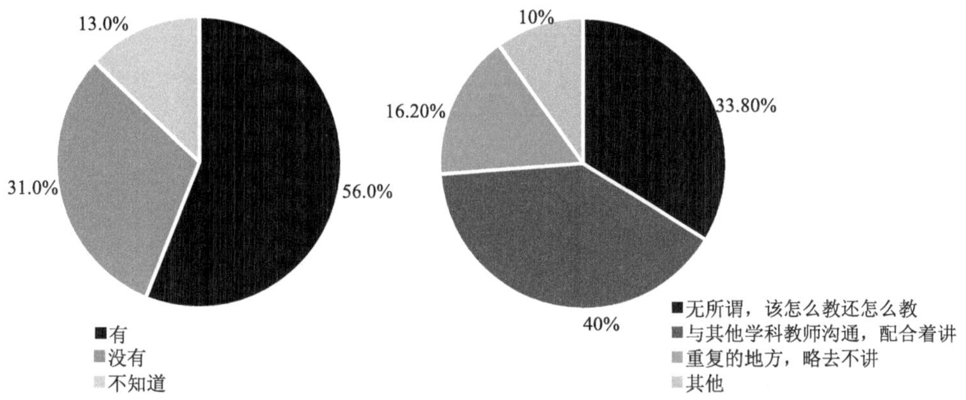

图 5-20 教师对学科间内容交叉的态度

虽然教师能够做到“配合着讲”，但是课程标准所强调的“理论与初中的结合”却没有在课堂上明显地体现。这方面笔者在 LS 中学的体会更加明显：

同样是算法，在数学课和信息技术课上的待遇就完全不一样，而且出现了在信息技术（算法与程序设计）课上做数学算法题的有趣怪现象。数学课的算法用的是 scilab 语言，信息技术课上用的是 VB 语言，数学课的算法不用实现，只要在逻辑上和流程图上实现就可以了，信息技术课上的算法是可以通过计算机实现的，但是学生宁可在电脑桌前死扣数学算法题，也不愿意在电脑上用 VB 来进行程序设计的具体操作……（摘自《LS 中学见习日志——2015-05-20》）

幸好，有的学生的表现还是让人看到了希望：

4 月 16 日的上午，2 名高一男生走进了计算机办公室，他们想借 WZ 老师的电脑用 VB 程序完成一个计算，这是一个他们在数学课上遇到的问题：带根号的无限循环计算，他们之前在争论到底这个算式的最终结果是什么，最后决定通过电脑来解决。他们自己在电脑上写了一个小程序，让王老师看看是否正确，并修正，最后这个问题被解决了，他们都很兴奋，还有一名学生跟王老师要 VB 安装程序，要回家继续解决一些小问题。（摘自《LS 中学见习日志——2015-04-16》）

（三）选修模块的困局

信息技术课程标准中规定的课程结构是 1 个必修模块，5 个选修模块，并将必修模块看成是学习选修模块的基础，在逻辑上完全自洽。虽然课程标准中规定选修模块的"选择的自由度"，但是在选修模块的确定方式上，并没有按照理想状态那样由学生来确定选修模块，往往学校或任课教师就可以决定学生学习哪个选修模块，这个比例在本书中占了 73.3%，还有 26.7%的教师承认是由市（县区）统一规定的选修模块，见图 5-21。

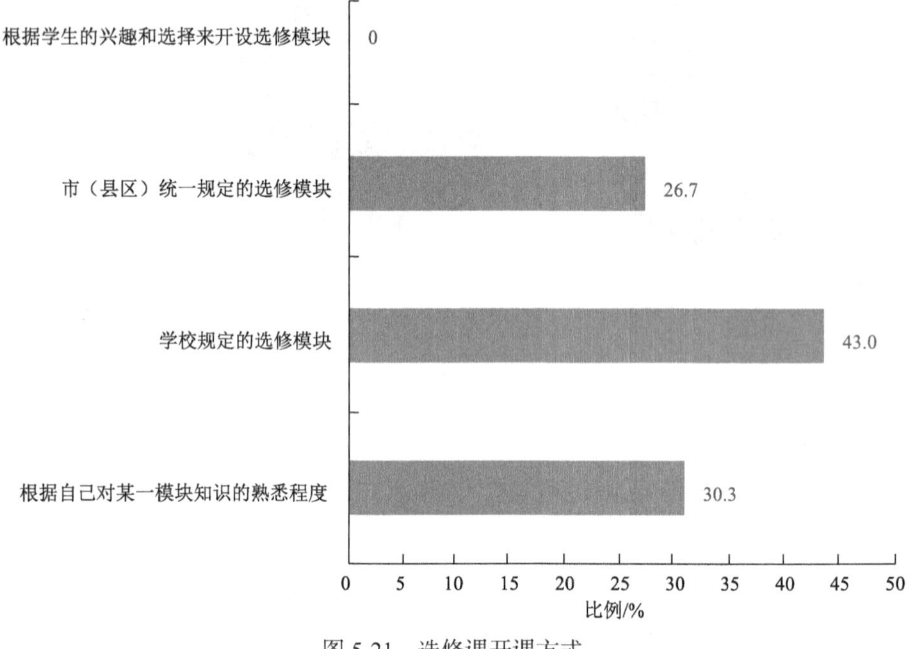

图 5-21　选修课开课方式

比如在 LS 中学，在选修课的选择上，就是由任课教师来决定：

王老师就为省实验选了算法与程序设计，他说算法与程序设计才是信息技术课的核心内容，只有学这个才能体现出这门课程的独立性。王老师告诉我：全省各个学校选修的内容都不同，只有省实验、二中、育才这样的学校才敢选《算法与程序设计》，其他的学校大部分都选多媒体，还有选网络或数据库的，据他所知好像没人选人工智能模块。（摘自《LS 中学见习日志——2015-04-16》）

而且针对选修模块，还存在更深入的问题，那就是五个选修模块的选修率不同，虽然课程标准中提到“至少要开设选修模块中的两个”，但是就辽宁省来看，各高中“在高一就把课程上完了，上半年学必修，下半年学选修，而且我们就选一个就行”（WXY老师）。

此外，虽然课标中提到“人工智能技术是当前信息技术应用发展的热点之一”，但是人工智能初步却并不是学校和教师们的热门选择。辽宁省的选修情况，WXY老师最清楚：

就我所知，“算法与程序设计”“多媒体技术应用”和“网络技术应用”三个模块选修量的学校比较多，而“数据管理技术”和“人工智能初步”两个模块则选修的少，尤其是“人工智能初步”模块，我反正知道我们省没有哪个高中敢开，老师几乎不敢碰这块，另外，都感觉这块离学生挺远的，而且好多方面跟通用技术又相关，就被通用技术占去了。

（四）教材的适宜性

教材是课程标准的具体化，当教师被问到“选用的高中信息技术教材的内容与课标要求的一致性”时，78.8%的教师认为教材与课标要求一致，但是也有少部分教师认为没有达到课标要求，见图5-22。

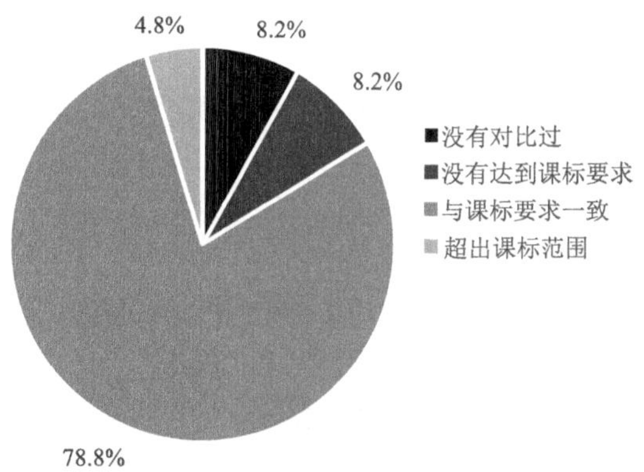

图5-22　教师对课标与教材的匹配态度

在教师被问到“信息技术教材使用情况”时，77.1%的教师将它用在了备课上，还有13.5%的教师会在高中会考时使用，见图5-23。

但是，学生对教材的使用率却并不高，因课时有限、内容不适当、学生起点水平差异大等原因，学生普遍反映信息技术教材在课堂上的使用率并不高，有30.7%的学生从来不带教材，还有44.5%的学生偶尔才带教材，见图5-24。而且学生在问卷中也反映教师在教学中会对信息技术教材做出各种处理，38.4%的学生发现老师在上课过程中会“增加很多内容”，见图 5-25。

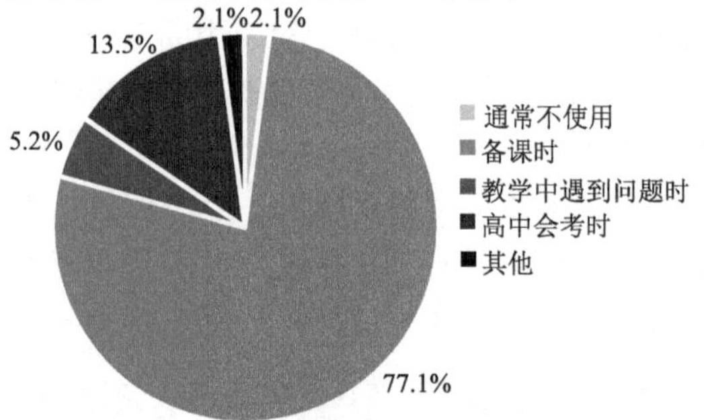

图 5-23　教师的教材使用情况

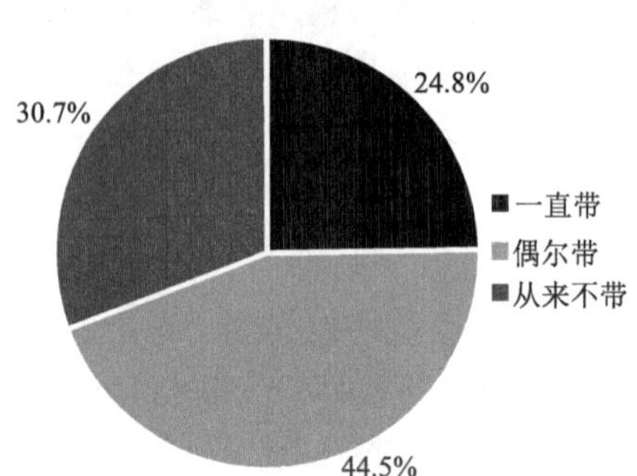

图 5-24　学生信息技术教材的使用率

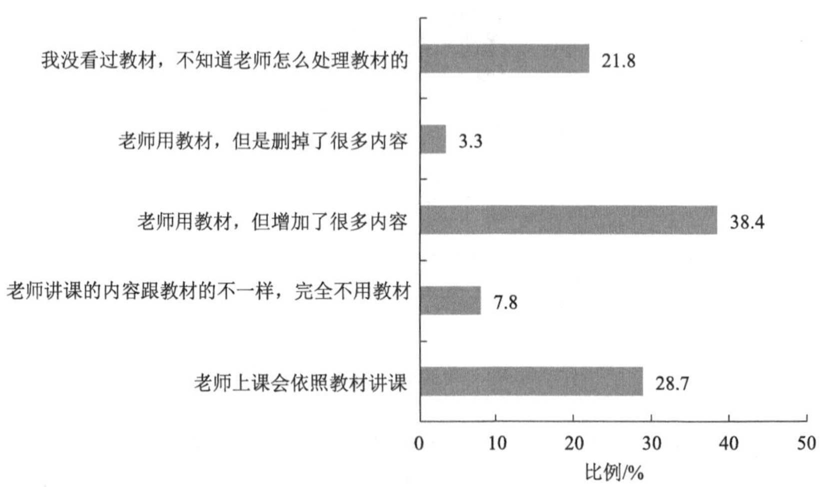

图 5-25　学生对教师使用教材的看法

在 LS 中学，老师自己也承认，在课堂上主要依据自己的讲义授课。而教师在信息技术教材的处理上，还与信息技术课程的评价方式有密切关系：

高中学业水平测试刚刚结束，WZ 老师从办公桌里拿出一份打印资料，6 页 A3 纸，都有点发黄了，好像用了很久，纸的正反面密密麻麻地写满了信息技术课程必修模块和算法与程序设计模块的知识点。WZ 老师告诉我，这些知识点就是他多年总结出来的，虽然每年考得不同，但全跑不过他总结的这些内容，“我上课主要靠这几页纸，讲到哪块的时候我就做 PPT 给学生展示，PPT 里会适当地增加一些新的或流行的东西，但有一些练习题，像算法部分的练习题我会用书上的……”（摘自《见习日志——2015-03-30》）

教材与课程内容的一致性也导致了教材的实际利用率很低，而且教材更新的速度远不及信息技术发展的速度，这也就出现了前面调查结果中所描述的学生不带教材的现象和教师对教材做的各种处理。学生期待着信息技术课程内容的更新和丰富多彩，他们除了想要学习新型信息技术产品的应用和发展趋势，还想学习“智能手机安卓系统的底层架构、App 的程序编写、无线路由器的原理”。

此外，调研结果也显示，信息技术课程的某些选修模块的选择上，并没有体现学生的自主性，基本上都是由教师或行政命令代劳了，而且就目前的调查范围来看，没有学校选择“人工智能初步”模块，因其与课程标准制定时的理想状态相差较大，难以实施。

以上这些都是课程内容的不协调而产生的后果，也就是没有对信息技术课程的核心内容和知识体系形成共识。我们必须认识到信息技术课程要长期稳定地发展，课程内容绝不应该随技术和工具的变化而失去其独立存在的价值，必须要有系统的、稳定的课程内容。

三、学业水平的认定方式不能真实反映学生的学习历程

考试是许多国家采取的一项主要的课程评价方式，也是近年来我国很多地区采取的最为普遍的学业认定方式。虽然学业水平考试能够一次性、大范围地完成对学生的课程评价，但却不能真实地反映学生整个的信息技术学习过程和水平。从前面的调查结果可以发现，以考试的形式，尤其是纸笔考试的形式进行的学业认定，直接导致了现实课堂上不用教材用考纲的情况，尤其是临近考试前集中复习、机械记忆的现象，从而出现学生在平时课堂上的松懈状态。而且大部分学生认为现在的内容学不学都一样，到了高二时学校会提供集中复习的时间，老师也会给大家集中地突击一下，因此集中复习一下就可以参加学业水平考试了，只要考试及格就行。

课程标准对评价方式的建议是“关注学生的个别差异”“综合运用过程性评价”等，从对高中生的调查结果来看，在课堂上，信息技术教师主要采用的是“上机操作，完成任务”的评价方式。而教师课堂评价的依据也主要是“课堂表现”

和“兴趣、态度”，见图 5-26 和图 5-27。

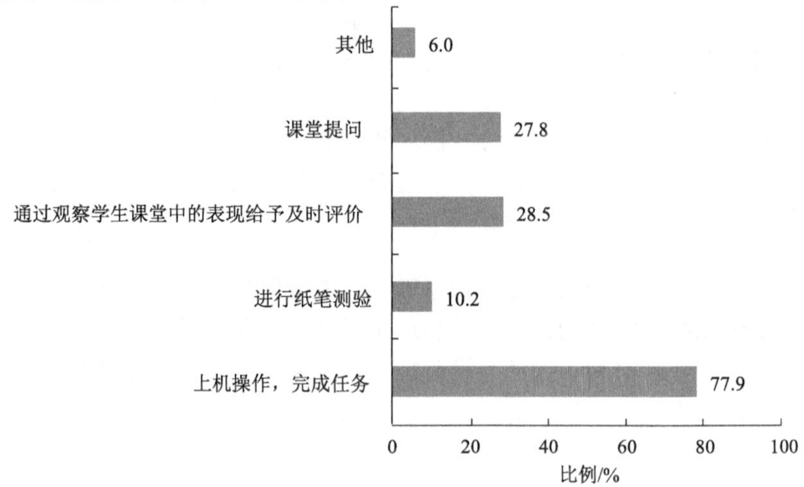

图 5-26　信息技术课堂评价方式

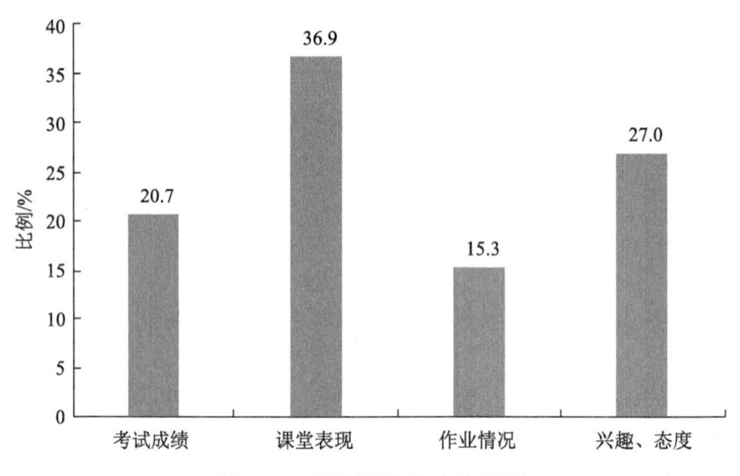

图 5-27　教师评价学生的依据

信息技术课程的学业水平的认定，是对学生进行的总结性评价，课程标准中规定“纸笔测验和上机测验相结合开展总结性评价”，且“要注意结合学生平时学习表现和过程性评价结果，改变单纯以一次测验或考试为依据，评定学生一学期或整个学段学习情况的局面”，以学生表现为主的过程性评价，虽然在前面的课堂教学中应用情况较好，但是并没有在学业认定上给予重视。笔者所在的辽宁省更是出现了课堂教学评价方式与高中学业水平测试完全不同的评价方式。笔者在 LS 中学的见习过程中，亲身经历了辽宁省学业水平测试前的教师和学生的状态：

为了高中毕业而设置的学业水平测试对于大部分的学生来说只是个形式，只要考前突击一下，大部分学生都能合格，对于信息技术学科来说，考前突击现象更是明显，在信息技术课上，也经常会听到“这个地方是考点，大家要注意”这样的话在知识点讲解上，王老师也是以学业水平测试为准时刻提醒学生哪里是必考和易考的内容。对于信息技术这样的非高考科目来说，似乎只有学业水平测试能让学生和老师都对这个学科认真起来，而学习信息技术学科的最终目标是高二下半年的学业水平测试，能成为学业水平测试科目也似乎成了信息技术学科存在的价值。（摘自《LS 中学见习日志——2015-04-16》）

辽宁省普通高中信息技术学业水平测试的方式是纸笔测验，这导致了学生考前大量做模拟题、突击复习、机械记忆的现象较为普遍，致使信息技术课程教学变成了技术的简单操练和基本知识的简单记忆。WZ 老师也表达了课堂教学与学业水平测试之间的矛盾与无奈：

考试从 2012 年开始，每年 3 月末举行。这门考试第一年出题难了，第二年简单了，第三年又难了，今年刚考完，题目相对适中了，出题人没经验，不像其他传统学科，出多少年题了，这门学科是与高中毕业有关的，太难了没有用。我也是出题小组里的人，但是我没去出题，一去出题就 1 个月，这边高二的学生还得复习，咱们办公室就关老师我们俩人，我走了，他一个人上课上不过来，我们每年都集中给高二学生复习，有一年 700 多人都集中在学校大礼堂，我们给上课，今年我们用 3 天时间给高二学生复习了一下，也是集中复习。以前没有学业水平测试的时候，上课讲得还活一点，活的东西，有的学生爱听，有的学生就自己玩，现在不能随便讲了，但是我对每个学生都严格要求，让他们都要学，还要学会。（摘自《LS 中学见习日志——2015-04-23》）

另外，课程专家对全国范围内的课程评价也有自己的看法：

LDM 老师：就目前你看全国范围内，就说好的江苏，江苏就是会考的，所有老师就是冲着这个会考去教的，这么一教就觉得没有意思，有时候会导致考什么教什么，跟课标脱节了。有些地方教学环境、硬件环境、师资队伍不行，导致整个课程发展相对落后，大多数地方，你不会考吗，你不考试吗，老师在黑板上写答案，你直接抄吧，就是这种状态。很多老师是不甘心这种状态的，自己慢慢去摸索，可能做得比较好的就是浙江，浙江也是受制于它的一些框框条条，也高考。山东就更糟糕了，山东自从纳入高考以后，基本上很多地方课都不开了，就是高三后再复习复习就行了，从教材上，高中的教材一下子就少订了那么多，好多学校不买教材了，课程都不开了，教材买还有什么用，所以就走到这个地步了。

面对这种情况，有学生就期望信息技术课程“多上机实践操作，减少笔答”，还有学生希望“少考试，按自己的兴趣选择是否参加学业考试”。为了配套《国务院关于深化考试招生制度改革的实施意见》，教育部于 2014 年 12 月 16 日印发了《关于普通高中学业水平考试的实施意见》，并规定《普通高中课程方案（实验）》所设定的科目均列入学业水平考试范围[①]。当前进行的学业水平考试没有选拔功能，对高考没有任何参考意义，只是作为高中毕业的条件。现在来看，学业水平考试成绩将成为高考的重要组成部分，它的形式、内容和方法都将会跟高考一样受到格外重视。因此，在当前高考改革的前提下，信息技术课程的评价方式和学业水平的认定方式更应该严谨和系统，反观当前课程标准中的评价建议已经不能满足未来学业认定或高考的需要，应该有更加科学、合理的课程评价指标体系和等级认定的标准和依据出台。

四、教与学的方式同学习环境不匹配

信息技术课程的学习环境有着其他学科所无法比拟的优势，它有单独的学习空间，学生每人都有可供操作的计算机和网络，学生可以在这个环境下自主探究、解决问题。因此，在信息技术课程教与学的方式上也应区别传统教室的教学方式。针对教与学的方式，在课程标准中提到，教学方法要做到“兼容并蓄、取长补短”，但是，在本书中对学生的调查发现，在信息技术教学过程中，47.1%的学生认为教师边讲边练，41.4%的学生认为是由教师演示、学生完成作品，而仅有 4.7%的学生体验到了自主探究的过程，见图 5-28。

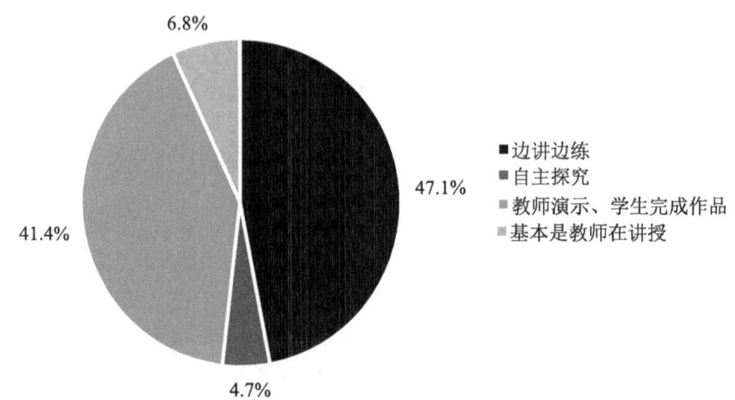

图 5-28　教学方式的体验

在学习过信息技术课程后，大部分学生的能力还是停留在“获取与评价信息”“应用与管理信息”“应用信息技术工具”层面，见图 5-29。

① 教育部. 2015. 教育部关于普通高中学业水平考试的实施意见. http://www.moe.edu.cn/publicfiles/business/htmlfiles/moe/s4559/201412/181664. html[2015-12-16].

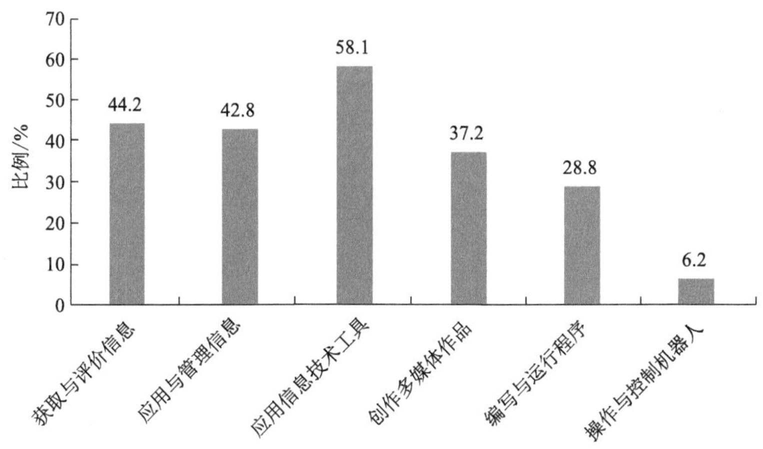

图 5-29　教学内容的掌握程度

此外，课程标准中还提到了信息技术的教与学要“从问题解决出发”。问题解决应该是信息技术课程学习的终极目标，对于生活在信息技术环境下的学生来说，当被问到“用什么方式来解决学习生活中遇到的问题”时，有 65.4%的学生会选择“上网搜索解决办法”。可见，通过信息技术课程的学习，学生已经有意识地去利用以网络为代表的信息技术来解决问题了，见图 5-30。

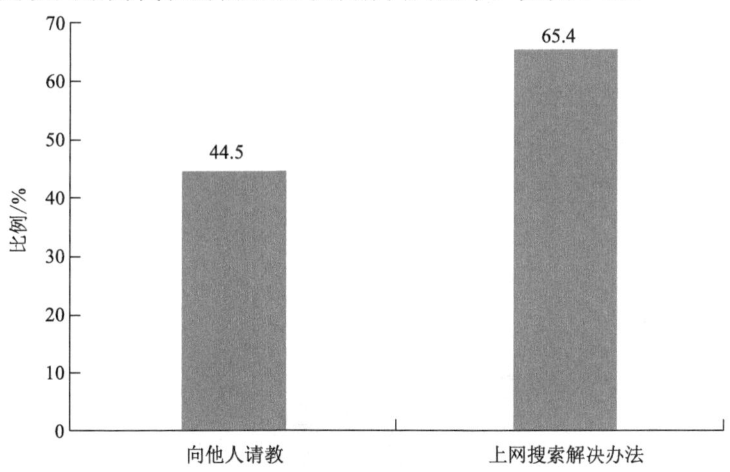

图 5-30　学生解决学习问题手段的个案百分比

但是，当学生被问到“利用网络环境和资源可以做什么”时，仅有 27.2%的学生能够进行创新创造，有 66.7%的学生可以进行自主学习，52.0%的学生能够进行知识分享，38.1%的学生能够进行协同工作，见图 5-31。可见，通过信息技术课程的学习，学生的创新创造能力还没有得到充分锻炼，信息技术课仍需要继续为学生营造一个主动创新的氛围。

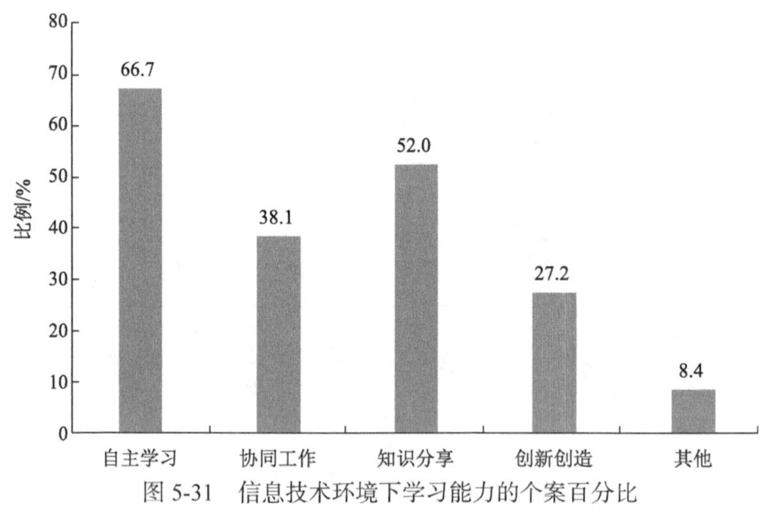

图 5-31　信息技术环境下学习能力的个案百分比

课程标准中提到要通过信息技术的教学“培养学生对信息技术发展的适应能力”，要让学生适应信息技术的发展，培养他们应用信息技术的学习意识和能力非常重要。信息时代的学习与信息技术的发展密切相关。如果给定网络，学生在学习资源的查找速度上，有接近 95%的学生都能够“很快地找到我需要的学习资源”，而且在符合程度上，回答“非常符合”和“比较符合”的学生分别占 42.2%和 27.7%，见图 5-32。可见，只要有网络为代表的信息技术，学生在信息资源的获取能力上是可以得到保障的。但是，在信息技术课上学到的知识和技能，在平时的学习和生活中，有 42.4%的学生只是“有时候会想起来使用”，“无意识中经常使用”的学生仅占 27.2%，而这种无意识的状态正是学生适应信息技术发展的一种必备的素养，见图 5-33。可见，要培养学生对信息技术发展的适应能力，学生的信息技术应用意识的培养才是重点。

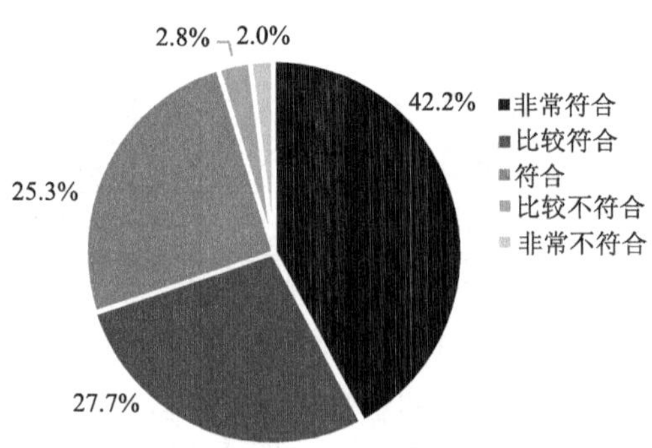

图 5-32　学生对所需学习资源的态度分布图

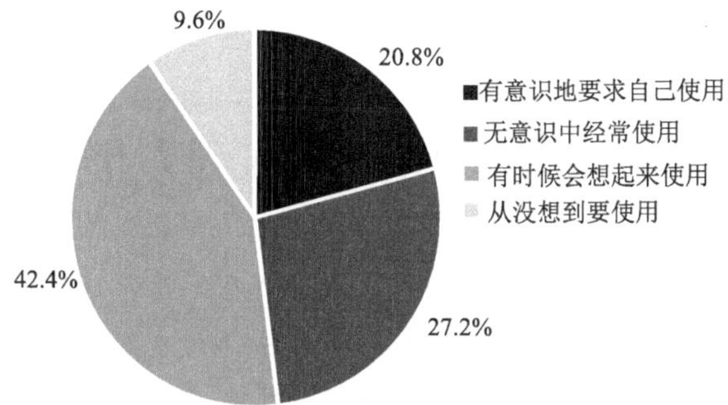

图 5-33　学生利用信息技术学习的意识的分布图

第六章　我国信息技术课程发展的路向

回顾发展历程，就会发现我国信息技术课程正是在不断地求新与求变的过程中前行着；分析现实状态，更会看到社会的进步、技术的革新和学生的变化，使得我国信息技术课程迫切需要经历一场新的变革。历史的经验表明，信息技术课程的每一次变革，最终都落在了信息技术课程的诸要素中。因此，本章将在前面的基础上，从课程要素的层面探索我国信息技术课程发展的路向。

第一节　更新信息技术课程理念

信息化会呈现的新特征、信息技术课程主体对课程的诉求，以及我国信息技术课程的现状与问题为我国信息技术课程发展的路向构建了一个宏大的时代背景。课程理念是指导课程改革的价值观念，我国信息技术课程面临的问题，从根本上说也是课程理念的问题。为此，信息技术课程发展的路向之一就是课程理念的更新。

一、以"立德树人"为根本任务

（一）"立德树人"的内涵

历史上，"立德"与"树人"是两个概念，"立德"一词最早出现在我国古代的《左传》中，原文是"大上有立德"，除了提到"立德"，该部著作还相继提到"立功"与"立言"，被后人称为"三立"，也是古人的最高人生理想。因此，"立德"应该与品德或道德相关。"树人"一词最早出现于《管子》一书，原文是"终身之计，莫如树人"，由此可以看出培养人才是一个长期的事务。数十年来，我国的教育方针和教育历程清晰表明，立德树人是党对人民教育事业所坚持的一贯主张。十八大报告首次提出把立德树人作为教育的根本任务。总之，立德树人的基本内涵就是立什么德、树什么样的人，无论是"立德"还是"树人"，当二者成为育人的标准时，必须通过教化来完成，"立德"和"树人"都是一系列教育行为产生的结果。

（二）“立德树人”是信息技术课程的根本任务

《教育部关于全面深化课程改革 落实立德树人根本任务的意见》（以下简称《意见》）中指出：立德树人是发展中国特色社会主义教育事业的核心所在，是培养德、智、体、美全面发展的社会主义建设者和接班人的本质要求。课程是教育思想、教育目标和教育内容的主要载体，集中体现国家意志和社会主义核心价值观，是学校教育教学活动的基本依据，直接影响人才培养质量。[①]本书研究结果表明，我国已经进入信息时代，面对着经济全球化深入发展，作为“数字土著”一代的高中学生有着更加自主的思想意识，更加多样的价值追求，以及鲜明的性格特点。面对日趋激烈的国际竞争，以及深入实施的人才强国战略，除了要进一步提高国民的综合素质外，还要培养新时代的创新人才。然而，就在全球上下一片高歌猛进迎接信息社会的同时，各种信息犯罪活动也频频发生，这些信息犯罪给国家安全和主权、知识产权及个人信息等带来了巨大的威胁，引起了世界各国的极大忧虑和社会各界的广泛关注，并日益成为困扰人们现代生活的社会问题。[②]虽然这一社会问题可以通过技术、政策及法律手段进行解决，但是产生这些社会问题的根源在教育，而解决这些问题的根本办法也在教育。这些变化和需求对课程改革提出了新的更高要求。信息技术课程作为我国基础教育课程体系中的重要一员，应该在立德树人这一根本任务的要求下，产生积极且深刻的变革。

二、以“核心素养”为育人标准

如果说立德树人是新时期我国教育新育人模式，那么核心素养回答的就是“树什么样的人”的问题。核心素养是落实立德树人根本任务的一个重要举措，也是引领教育改革的核心理念，并成为课程改革的目标与灵魂。

（一）“核心素养”的内涵

从国际上来看，核心素养体系的建立已经成为各国的共识，联合国教科文组织、亚太经合组织和欧盟等国际组织都在倡导“核心素养”的培养。核心素养这一概念在我国首先出现在《意见》中。《意见》明确提出要“研究制定学生发展核心素养体系和学业质量标准”[①]。2016 年 3 月，《中国学生发展核心素养（征求意见稿）》（以下简称《意见稿》）向社会发布，《意见稿》中指出学生发展核心素养，是指学生应具备的、能够适应终身发展和社会发展需要的必备品格和

① 教育部. 2014. 教育部关于全面深化课程改革 落实立德树人根本任务的意见. http://old.moe.gov.cn//publicfiles/business/htmlfiles/moe/s7054/201404/xxgk_167226. html[2015-12-28].

② 文军. 2000. 信息社会 信息犯罪与信息安全. 电子科技大学学报（社会科学版），(1)：21-25.

关键能力，综合表现为九大素养，具体为社会责任、国家认同、国际理解、人文底蕴、科学精神、审美情趣、身心健康、学会学习、实践创新。[①]核心素养的根本作用在于统领，它要统领课程改革的几乎所有环节，引领课程改革的深入，信息技术课程改革的深入也需要核心素养的统领。此外，课程改革不仅要从社会需要出发，还要从学生自身发展需要出发。核心素养之于学生的发展，具有根源性和支撑性的作用，它是学生发展的根基，可以生成；它是学生发展的支柱，支撑着学生未来发展。核心素养作为国家发展战略，已经置于深化课程改革、提升国民素养的关键地位，它将指引信息技术课程进入一个崭新的发展阶段，成为引领教育改革的育人标准。

（二）“核心素养”指导着课程标准的制定

世界各国和地区所构建核心素养体系主要有三种：第一种是核心素养体系与课程体系同时存在，其中核心素养体系由专业机构研发，研发后与学校体系内的课程相整合；第二种是将核心素养体系放置在国家课程体系中，核心素养体系处于课程体系的上一个层面，并通过核心素养中的各素养指导着课程体系的建设和开发；第三种是不单独设置核心素养，由国家的课程体系的目标聚合而成为核心素养的外在表现。不管是何种模式，核心素养都与课程有着密不可分的关系。因此，在后续的信息技术及其他课程的课程标准修订过程中，核心素养应该成为重要的参照系。我国的核心素养体系，是指每一门课程可以给核心素养带来什么贡献，每一门课程在制定的过程中都会涉及本学科知识的构建，学科知识呈现之前，应该对本学科的核心素养进行界定，再以之为依据，进行知识体系的构建。

核心素养既是可习得的，也应该是可测评的。目前来看，我国信息技术课程只有内容标准，没有结果标准，并且在评价上只是给出“评价建议”，导致评价设计不够科学。因此，课程评价也需要指向“核心素养”，并在课程标准中细化评价的标准与等级。

第二节　优化信息技术课程目标

课程目标描述的是学习达到的预期效果。课程目标应当与教育目的和教育理念相一致，同时也是课程设计、课程内容选择的依据。本书研究结果显示，信息素养作为信息技术课程目标已经不能完全满足学生发展的需要。此外，学生也表达了对

① 成尚荣. 2016-05-18. 核心素养：开启素质教育新阶段. 中国教育报第9版.

课程应该培养创新能力的诉求，因此，需要优化课程目标以满足学生发展的需要。

一、养成数字素养

（一）“信息素养”作为课程目标的局限性

“信息素养”作为课程目标的描述语在21世纪初被引入信息技术课程，在我国教育信息化的进程中和信息技术扫盲的任务上确实起到了不可替代的作用。但时至今日它仍是一个宽泛概念，涉及的领域也是方方面面，而且还没有明确的学科归属，翻看我国其他课程领域的课程标准，也都能找到“培养信息素养”这样的目标定位。此外，本书研究结果也显示，信息素养对于教师的课程实施来说，显得过于上位，往往给人的感觉是“无从下手”。因此，在核心素养理念的引领下，我国信息技术课程目标优化过程中最基础的工作就是对信息技术课程目标原有的主导词语“信息素养”进行优化，给信息技术课程目标一个更清晰的定位，找到一个最能体现学科特色和育人价值的专业术语来统整课程目标。

（二）“数字素养”是“信息素养”的延伸

“素养”是一个不断发展和丰富的动态性的、开放式的概念，当一种生活行为或方式日益大众化并影响加深时，传统的素养内容的作用或价值日益边缘化，其教育效果逐步递减，客观上需要提出并倡导一种新的素养要求来与之相适应。[①]“数字素养”由以色列学者阿尔卡来（Alkalai）于1994年提出，他认为数字素养应该包括五个方面的内容：图片-图像素养、再创造素养、分支素养、信息素养、社会-情感素养。这个理论框架被认为是数字素养最全面的描述。可以说“数字素养”也是在信息素养为基础概念的基础上提出的，从媒介素养、计算机素养、网络素养等一路延伸而来。其中，“媒介素养”起源于20世纪30年代，其提出是为了应对大众传媒给民众带来的冲击，美国学者认为媒介素养是指“人们对于媒介信息的选择、理解、质疑、评估的能力及制作和生产媒介信息的能力”[②]。“计算机素养”出现在20世纪80年代，弗里斯特·霍顿把对计算机处理能力的重视意识称为计算机素养。网络素养是指人们了解、分析、评估网络和利用网络获取、创造信息的能力。[③]网络素养是个体在网络社会利用互联网进行学习、工作、交流和发展的一种综合能力，是一个由信息技术、思想意识、文化积淀和心智能力

① 陶侃. 2009. 略论读图时代的“游戏素养”及构建要素. 现代远程教育研究, (2): 14-18.

② Thoman E. 1999. Skills and strategies for media education. Educational Leadership, 56(5): 50-54.

③ Bawden D. 2001. Information and digital literacies: A review of concepts. Journal of Documentation, 57(2): 218-259.

有机结合的能力系统。[①]

联合国教科文组织曾建议，任何时候一种新环境都需要一种新的信息素养。[②]数字素养正是信息素养在数字时代的升华与拓展，是经过媒介素养、计算机素养、信息素养、网络素养的流变所形成的一个综合性、动态的、开放的概念。因此，本书认为，数字素养就像读、写、算一样，是信息化社会的一个重要技能，它是学习信息技术课程后所必须掌握的基本技能，具备数字素养的人能够自信、安全并有效地应用信息技术，并能通过信息技术来表达自己。

（三）"数字素养"作为信息技术课程的通识目标

早在1996年，美国学者尼葛洛庞帝在其出版的《数字化生存》一书中就提到，人们未来的学习、工作和生活方式将以数字化的方式存在。阿尔卡来认为数字素养是数字时代的生存技能，是一种基本的生活能力。"数字素养"同时也是欧盟八大核心素养之一，欧盟将其广义地定义为"在工作、就业、学习、休闲及社会参与中，自信、批判和创新性使用信息技术的能力"，在欧盟制定的数字素养框架中有五个素养领域，其中包括信息、交流、内容创建、安全意识和问题解决，而且为每个素养领域又划分为多个具体的指标，每个指标还有初级、中级和高级三个能力水平等级。必须承认，信息素养概念的提出与发展过程对数字素养的提出起到了指导性的作用，但是，以数字化方式存在的世界，对人的能力又有了更高的要求，数字素养应该成为数字化生存的一种最基本能力。因此，数字素养可以作为信息素养概念的延伸，进而成为信息技术课程的通识目标。

二、培养技术创新能力

（一）技术创新能力的内涵

Hulin 和 Roznowski 认为，技术是用来转换输入为有用的产出的一套物理或心理历程。具体而言，这一历程包括了使某项工作得以完成的具体的物理历程，如身体活动、器物的制作、物理设计的操作等，以及抽象的心理历程，如知识、意念或教学程序等。[③] Guilford 认为创造力是个体产生新的观念或产品，或融合现在的观念或产品而改变成一种新颖的形式，Maslow 将创造界定为自我实现，自我实现的创造力表现于日常生活中，就是做任何事都具有创新的倾向。对于技术创新能力

---

① 王佑镁，杨晓兰，胡玮，等. 2013. 从数字素养到数字能力：概念流变、构成要素与整合模型. 远程教育杂志，(3)：24-29.

② Catts R, Lau J. 2008. Towards information literacy indicators. http://dspace.stir.ac.uk/bitstream/1893/2119/1/cattsandlau. pdf[2012-2-20].

③ 邱皓政，叶玉珠. 1999. 技术创造力的定义. http: //tim.nccu.edu.tw/croci/result1.html[1999-02-01].

的研究，台湾学者张玉山认为技术创新能力是个体在从事科技活动过程中表现和发展的创新能力，与一般性的创新能力不同，技术创新能力的内涵将不只是多种意念的提出，同时，更要有工具的操作与材料的处理，最后，也要有成果的出现，也就是要包含科技的程序。①吴明雄指出，技术创造力至少应包括两种能力，一是创造思考能力，二是技术创新设计能力。②

大多数学者认为创新能力是个人与环境交互作用的产物，而技术创新能力就是人与技术交互作用的产物。台湾学者叶玉珠对技术创新能力的界定最具代表性，她认为技术创新能力是个体以技术专业领域知识为背景知识，结合其他领域的相关知识、技能和特性、个人意向、经验、认知技巧及环境因素等构成，对技术领域部分产生发明创造或现有技术革新，达到效率最高、更实用的器物或更美观的产品的一种能力。③

（二）政策环境为技术创新提供广阔空间

21 世纪是一个知识经济的时代，更是一个科技引领的时代，知识经济的发展是利用知识创造竞争优势，科技的发展不是取代人的智慧和创意，而是帮助人类将其智慧发挥至极致。创造力之于一个国家的重要性不言而喻，党的十八大明确提出："科技创新是提高社会生产力和综合国力的战略支撑，必须摆在国家发展全局的核心位置。"国务院也出台文件，指导深化体制改革加快实施创新驱动发展战略。技术创新以前所未有的高度成为国家战略，李克强同志在 2015 年政府工作报告中提出"推动大众创业、万众创新"，这一政策又为技术创新提供了更广阔的空间。教育是创新能力培养的主阵地，本书研究结果显示，学生期待信息技术课程对自己创新能力的培养，这也呼应了国家"万众创新"的政策和号召。技术创新则是这一政策最好的催化剂，信息技术课程作为国家课程体系的一部分，应该承担技术创新能力培养的责任。

（三）技术创新应该成为信息技术课程的高阶目标

信息时代，信息技术正在不断地走向成熟，未来需要的是技术的创新，以发展信息技术产业，因此，信息技术课程目标应该从培养信息技术的使用者转向培养信息技术的创造者。技术的创造者在信息社会面对的是高级复杂事物，从事的是创造性工作，必须具备技术创造力。具备技术创新能力的人能够应用科学知识，

① 张玉山. 2002. 技术创造力教学模式的应用——创意陀螺的教学实例引介. 生活科技教育，(12)：25-31.

② 吴明雄，朱珮妤. 2004. 开辟创造力的学习空间——由学习理论谈创造力教育. 师说，178：42-45.

③ Yeh Y C, Wu J J. 2006. The cognitive processes of pupils' technology creativity. Creativity Research Journal, 18(2)：213-227.

以更快更好的方法完成某项任务，从而提高生活质量。技术创新能力注重科学知识对能力养成的重要作用，以探究技术内部的奥秘，具备技术创新能力的人是未来信息技术行业的高级人才，我们需要这些高级人才来带领科技的发展、社会的进步及新道德伦理价值的建立，从而形成我国在未来技术创新上的竞争力。从学生发展的角度来看，可以把数字素养看作信息技术课程的通识目标，把技术创新看作信息技术课程的高阶目标，而且技术创新能力的培养需要以数字素养的养成为基础，见图 6-1。

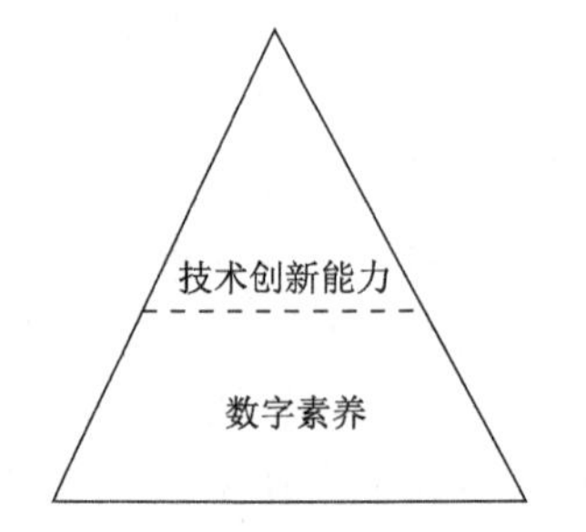

图 6-1　信息技术课程目标结构图

第三节　构建信息技术学科核心素养

一、信息技术学科核心素养的内涵

“学科核心素养是学科的灵魂”①，信息技术课程作为一门学科课程，承担着发展学生核心素养的重任，也理应有本学科的核心素养。各学科需要结合本学科的学科内容与特点提出该学科实现本学段核心素养的具体目标。②关于核心素养与教育目标、学习结果的关系，华东师范大学杨向东教授认为学科素养是学科教育目标的具体化，是学科育人价值的集中体现。无论是数字素养还是技术创新能力都不能成为课程改革发展过程中的一个口号，把它们落到实处就是构建信息技术学科核心素养体系。根据《现代汉语词典（第 6 版）》的定义，“素养”为个人完成某种活动所必需的基本条件，既包含能力，也包含知识、方法、观念等。若从“素养”的本义延伸看，信息技术学科核心素养应是指一个人通过信息技术学习而获得的信息技术知识、技能、方法与观念，或者说是个人能够从信息技术的角度来观察事物且运用信息技术来解决问题的内在涵养，它由信息技术知识与技能、信息技术方法、信息技术观念等组成。

信息技术学科核心素养应是最具学科本质的东西，不应该随着时代和国界的不同而不同；信息技术学科核心素养应是最能体现信息技术学科内在价值的关键素养，是学科固有的，不应该是通过其他学科的学习能够替代的；信息技术学科核心素养应是学生借助信息技术学习过程中形成的解决实际问题所需要

① 李艺, 钟柏昌. 2015. 谈“核心素养”. 教育研究, (9): 17-23.

② 陈兵. 2015. 在全面深化课程改革中把党的教育方针落实、落细、落小——访教育部基础教育司二司副司长申继亮. 中小学教材教学, (1): 23-26.

的最有用的知识、最关键的能力、最需要满足终身发展所必备的观念。因此，综合本书前面的研究结果，信息技术学科核心素养应该由计算思维、数字化学习和信息意识构成。其中，计算思维体现信息技术学科的学科本质，数字化学习是信息技术学科的学习方式，信息意识是信息技术学科的育人价值。

二、信息技术学科的本质：计算思维

（一）计算思维的提出

计算思维源于图灵对可计算数的研究。大卫·希尔伯特在 1928 年的国际数学大会上提出了三个经典的数学问题："数学是完全的吗？数学是一致的吗？数学是可判定的吗？" 1936 年，阿兰·图灵当时只有 22 岁，他希望通过自己的毕业论文《论可计算数及其在判定性问题上的应用》来回答判定性问题，在论文里提出了一个完全不同的问题：所有的数都是可计算的吗？图灵将可计算数定义为，其小数表达式可以在有限步骤内计算出来。他说："这样定义的合理性，在于人类记忆是有限的这一事实。"①图灵同时把计算定义为一个机械的过程，一种算法。人类在解决问题时常常会借助直觉、想象或灵光一闪——这些乍看上去可以说是非机械的计算，但深究起来或许又只是步骤被隐藏起来的机械计算罢了。图灵将自己想象成一台计算机，关注自己思维过程中一步步的逻辑，并将这些心智过程加以提炼萃取，得出其最小的组分，也就是信息处理的原子。图灵将计算思维看成是人在解决问题时的一种算法，是人的思维过程，也是信息处理的核心。

1992 年，黄崇福在其博士学位论文中给计算思维的定义是："计算思维就是思维过程或功能的计算模拟方法论。其研究的目的是提供适当的方法，使人们能借助现代和将来的计算机，逐步达到人工智能的较高目标。"② 2006 年，周以真教授在 *Communication of the ACM* 杂志上发表了《计算思维》（*Computational Thinking*）一文，在文章中她指出，"计算思维是每个人的基本技能，不仅仅属于计算机科学家"。周教授认为计算思维和每个孩子平时所需要掌握的阅读、写作和算术能力一样重要，"这种思维在不久的将来，会成为每一个人的技能组合"③。她认为计算思维是一种广泛的计算机科学的思维方法，包括递归、抽象和分解、保护、冗余、容错、纠错和恢复，利用启发式推理来寻求解答，是在不确定情况下的规划、学习和调度，等等。黄崇福博士和周教授对计算思维的界定与图灵对计算思维的解释一脉相承，并与计算机科学的思维模式紧密相

---

① Turing A M. 1936. On computable numbers, with an application to the entscheidungsproblem. Proceeding of the London Mathematical Society: 230-265.

② 黄崇福. 1992. 信息扩散原理与计算思维及其在地震工程中的应用. 北京：北京师范大学博士学位论文.

③ Wing J M. 2006. Computational thinking. Communication of the ACM, 49(3): 33-35.

关，都将计算思维看成一个像计算机程序运行过程一样的思维过程，并外显为信息处理时的一系列活动，而最终的目的是解决问题。综合以上论述，本书认为计算思维是指在运用计算机科学的概念方法形成解决问题方案的过程中，所包含的一系列思维活动。

（二）英国通过 Computing 课程培养计算思维

英国信息技术教育研究者基于对原有课程的批判及反思，将计算思维引入了信息技术课程。英国教育部于 2013 年 2 月公布的《关键阶段 1—4 Computing 课程学习计划》指出，Computing 课程的核心是计算机科学，该门课程目的是“让学生应用信息技术创造产品、解决问题”①。Computing 课程区别于 ICT 课程的最明显的地方就是计算思维形成与技术创造力的培养。

（三）计算思维是信息技术学科的本质

缺乏关于本质追求的思考，是缺乏对课程本质思考的无头苍蝇的样式。就计算机科学领域里关于计算思维概念的提取和内涵的梳理是非常完整的，这是可以把握课程本质的一个维度。（LY 教授）

早在 1981 年，苏联计算机教育学家叶尔肖夫就曾预言“人类必将会生活在一种程序设计的世界里。在这个世界里，人类文化与程序设计不仅并行存在，而且会相互联系，融合为一种全新的人类思想”②。叶尔肖夫的预言已经实现，在这里，我们应该把叶尔肖夫预言的这个世界看成一个大的系统，从系统科学的角度来看，信息系统是由人、技术、信息三个核心要素组成的，它的功能就是在人与技术的相互作用下，完成信息的输入、处理和输出。从管理学的角度来看，信息系统是一个面向对象的系统，这个对象就是人，人既是信息系统的生产者，也是信息系统的消费者。

首先，学生是信息系统里的“人”，他们是信息系统的消费者，参与信息的输入过程，体验信息的输出结果，并知道他们所身处的信息系统是通过技术的支持而完成信息处理过程的。而学生的信息系统消费者角色可以在各型各类的信息系统中体验得到，当然随着新一代信息技术的不断发展，在技术支持层面上，需要让学生有新技术的体验，如大数据、云计算、智能移动终端等。当下智能手机自带的手机操作系统就是一个小型的智能信息系统，学生对此应当已有深刻的体会。其次，学生是信息系统的生产者，前面所提的技术创新能力的培养面向的就

① Department for Education. 2013. Computing programmes of study for key stages 1-4. https: //www.education.gov.uk/nationalcurriculum[2013-02-26].

② 王吉庆. 1999. 信息素养论. 上海：上海教育出版社：118.

应该是信息系统的生产者这一层次，在算法、结构化程序语言（如C语言）或面向对象的程序语言（如 VB）的学习过程中体验微型信息系统的设计方法与开发过程。学生在信息系统的消费者和生产者的体验中形成了计算思维。

本书研究显示，学生对信息技术课程价值诉求除了创新能力，还有就是贴近实际生活、符合学生特征，如果把这二者进行意义抽取，就会发现学生想要通过信息技术去解决他们遇到的实际问题。发展学生思维，提高学生利用信息技术解决问题的能力就成为学校信息技术课程的一种重要的内在价值。因此，信息技术学科的本质不是外在的技能操作，也不是掌握解决问题的步骤，而是培养学生利用信息技术解决问题的思维方式，即计算思维。

所以课程的核心就是思维,这种思维可以用来解决任何问题,将来去搞规划、搞设计、做领导的都是要这样想问题，所以课程核心的价值是一种思维方式，一种解决问题的方式，开拓思路，程序也是载体，讲软件也是。（LDM 老师）

（四）计算思维的表征

信息技术课程要培养学生的计算思维，就形成了自己的学科思维。综合国内外的研究，以及信息技术课程的本质需求，本书认为具备计算思维的学生能够形成像计算机在运行程序时一样的思维方式，有的人是分支式思维、有的人是循环式思维、有的人是递归式思维，等等。对于学生来说，计算思维表现在以下几方面：在信息系统的消费和创新活动中能够用计算机处理的方式去界定问题、抽象问题特征、建立模型、组织数据；利用信息系统中的信息和计算机，设计解决问题的算法与方案；总结利用计算机解决问题的过程与方法，并将其迁移到其他问题的解决中。

根据计算思维的表现，可将其分级描述如下，见表 6-1。

表 6-1　计算思维分级表现

素养水平	计算思维
水平 0	（1）能够认识到用数字化表示信息的优势 （2）能够使用流程图，并完成简单的任务 （3）信息处理的价值，并能够按需求选择适当的工具
水平 1	（1）能够进行需求分析，明确需要解决的关键问题 （2）能提取问题的基本特征，进行抽象处理，并用形式化的方法表达 （3）应用基本的算法设计解决问题的方案，并按照问题解决方案的需要获取数据、组织数据及分析数据 （4）能使用编程语言或其他数字化工具实现问题解决方案

续表

素养水平	计算思维
水平 2	（1）针对较为复杂的任务，能运用形式化语言描述待解决的问题，并采用模块化和系统化方法设计解决问题的方案 （2）明确区分问题解决中涉及的各种数据，采用适当的数据类型进行表示 （3）为不同的模块设计或选择合适的算法，利用编程语言或其他数字化工具实现各模块功能 （4）利用适当的开发平台将模块功能进行整合，实现整体解决方案
水平 3	（1）对基于信息技术的问题解决方案，能够依据信息系统设计的普遍原则为指导对其进行较全面的评估，并采用敏捷方法对解决方案进行优化 （2）将利用信息技术解决问题的过程迁移到学习和生活的其他相关问题中

三、信息技术学科学习方式：数字化学习

（一）学习方式的变革

关于学习方式的定义，目前学术界对它的解释并不完全一样，“大多数学者认为学习方式指学生在完成学习任务过程时基本的行为和认知取向”[①]。传统的学习方式是以人的被接受为主，忽略了人的主动性和独立性，而且通常会与读书、做题和考试等联系起来。《基础教育课程改革纲要（试行）》倡导学生主动参与、探究发现、交流合作的学习方式，因此，学习方式的转变是我国此次课程改革的重点之一。虽然课程改革提倡新的学习方式，但是我国信息技术课程现状的调查结果也表明，学生的学习方式并没有产生实质性的变化，仍然以被动接受式为主要特征，而学生对学习方式的诉求主要为合作学习和自主学习。因此，需要找到信息技术学科特有的学习方式来改善学生的学习。

（二）信息时代的数字化学习

进入信息社会，人们的生活环境和学习环境都以数字化的方式呈现。信息社会中知识的变化带来了学习方式的变化。学习者可以在任何时间、任何地点，向任何人学习任何内容。为了适应信息社会，学习者需要学会充分利用信息技术，学会非线性的、跳跃的和超前的数字化学习方式，并适应数字化学习。“数字化学习”这一概念是由英文 E-Learning 翻译过来，它作为“学习”的下位概念，既具有学习的一般特性，也有自己的特征。叶澜等学者表示，数字化学习的基本特

① Biggs J B. 1987.Student Approaches to Learning and Studying. Hawthorn: Australian Council for Educational Reseach : 11-13.

征可以用 8 个字来概括：开放、共享、交互、协作。①国内外学者对数字化学习的内涵的探讨，主要从三个角度对数字化学习进行解析：技术的角度强调数字化学习在于各类技术对学习的影响，传播学的角度强调数字化学习在于资源的获得，教育学的角度强调数字化学习的过程性。何克抗教授认为数字化学习除了实现一种全新的学习方式，还会从根本上改变教师的作用及师生之间的关系。李克东教授认为，数字化学习是信息时代学习的重要方式，它包含三个基本要素即数字化学习环境、数字化学习资源和数字化学习方式。②数字化学习需要环境，也需要资源，其中进行数字化学习时的一些工具也应该包含在资源中，因此，本书认为数字化学习是在数字化学习环境中利用数字化的资源完成学习任务的过程，是信息时代一种全新的学习方式。

（三）数字化学习是信息技术学科的学习方式

联合国 1996 年发表的《德洛尔报告》提出教育的四大支柱：学会认知、学会做事、学会合作、学会生存。而联合国教科文组织于 2015 年发表的研究报告《反思教育：向“全球共同利益”的理念转变？》中对学习又重新进行了界定：“学习可以理解为获得这种知识的过程。学习既是过程，也是这个过程的结果；既是手段，也是目的；既是个人行为，也是集体努力。学习是由环境决定的多方面的现实存在。获取何种知识，以及为什么，在何时、何地、如何使用这些知识，是个人成长和社会发展的基本问题。”这一定义意味着今后的教育将以让人们学会学习为重点。学习方式的习得就是习惯的养成。为此，信息技术学科应当鼓励有意义的创造，将学习者培养成数字化学习的主人，培养成学习过程的主动知觉者。信息技术课程在学生的数字化学习方面具有得天独厚的优势，为学生提供了数字化的学习环境，此外，现行的课程标准中也规定了通过信息技术课程构建数字化的平台。因此，学生可以利用信息技术教学过程中所构建的环境进行数字化学习。本书研究结果显示，学生对信息技术课程的诉求中，关于学习方式有合作学习、交流互动、自主学习、实践操作，同时他们还希望有开放的网络和丰富的资源，这也符合了前面提到的数字化学习的特征。因此，学生在学习方式上的诉求，就是信息技术课程数字化学习的追求，并应在此基础上形成信息技术学科特有的学习方式。

（四）数字化学习的表征

对于信息技术学科来说，学生在进行数字化学习时，能够认识到数字化学习环境中数字化学习资源的优势与局限，掌握数字化学习资源的使用方法，并运用

① 叶澜. 2004. 全球化、信息化背景下的中国基础教育改革研究报告集. 上海：华东师范大学出版社：1.

② 李克东. 2001. 数字化学习（上）——信息技术与课程整合的核心. 电化教育研究，(8)：46-49.

其进行自主学习、合作学习、交流互动和探索实践，最终养成数字化学习的习惯。数字化学习需要数字化学习环境的支持，也需要丰富的数字化资源。

根据数字化学习的表现，可以将其分级描述如下，见表 6-2。

表 6-2　数字化学习分级表现

素养水平	数字化学习
水平 0	（1）在利用信息技术支持学习的过程中，认识到资源的教育优势 （2）依据学习任务进行学习资源的需求分析，利用网络获取学习资源
水平 1	（1）能够评估常用的数字化资源，根据需要进行合理选择 （2）运用数字化学习策略管理学习过程与学习资源，完成一般学习任务 （3）在网络学习空间中，开展协同学习，与同学共同创新与分享知识
水平 2	（1）在技术丰富的学习环境中，能有效评估多样化的数字化资源对特定学习任务的价值 （2）快速搜索、获取和甄别学习资源，完成复杂的学习任务 （3）有效运用数字化学习资源，提高学科学习的质量
水平 3	（1）合理运用数字化学习环境，主动参与合作学习与协同创造 （2）能够独立或合作开发个性化学习资源，实现知识创新 （3）适应数字化学习环境，感悟数字化学习既是学习过程也是学习结果

四、信息技术学科育人价值：信息意识

（一）信息意识的内涵

“意识”是一个复杂的概念，哲学和心理学领域都曾对其进行过深入的研究。哲学领域比较典型的研究是托宾·哈特在 2007 年给的界定，他从教育哲学的视角出发，认为意识是深度的认知和深度学习的递进，意识的发展是多种认知方式的协调，他还描述了意识进展的过程中，认知加工的对象不断被主体加工、同化，形成了从信息到知识、智力、理解、智慧，最终完成转化和建议意义的过程。[①]在心理学领域，杰拉德·埃德尔曼在 2012 年将意识定义为通过辨识异同来建构场景的能力，意识与主体在世界中的置身之处有关，反映了主体的情绪和情感。

信息意识源于情报意识。哲学的角度认为信息意识是一种社会意识形态，意识是客观世界在人脑中的反映，包括认识的感性阶段和理性阶段；生理学的角度认为信息意识是高级神经系统高度发展的表现；心理学的角度认为，信息意识反映的是自觉性和有意识性。虽然大部分学者都倾向于哲学或心理学视角对信息意

① 解敏，赵永华，姜懿庭. 2013. 信息意识研究：人格差异的视角. 北京：科学出版社：14-15.

识的界定，但是这些界定在表现性和可执行性上要么是形而上，要么是形而下。因此，本书认为信息意识应该是在信息化社会的活动中人与社会关系的表达，所以信息意识的内涵是，信息主体在进行信息活动中所产生的感受和基于信息现象所产生的信息化生活方式与社会交往的主观能动性。当信息主体具有强烈的信息意识时，就会表现出信息主体对信息活动和信息现象的敏感度、对信息价值的判断能力、信息化生活和交往的能力。

国家信息化建设的核心和关键是人的信息化，人是社会的主体，只有人的信息化才是真正地完成了社会的信息化。信息意识影响着信息主体的信息需求的表达，是信息技术学科育人价值的体现。

（二）日本信息教育中信息意识的培养

日本的信息教育经历了30多年的发展历史，它的显著特征就是从教育初期就以人文社会中包含的信息学的观点进行探讨，将信息意识的培养放在重要位置。1986年，日本提出了学校教育要培养“能够自主地选择和使用信息和信息手段的个人基本素养”，这是日本对公民信息意识培养的初步体现。2013年，日本将1999年以来执行的高中信息学科必修科目“信息A”“信息B”“信息C”修改为“社会与信息”和“信息科学”。其中“社会与信息”科目的课程目标中就有“使学生理解信息化对社会的影响”及“培养积极参与信息社会的态度”，课程的内容描述中包括“使学生理解信息化对社会的影响，同时还要使学生理解所期望的信息社会的理想状态和合理运用信息技术的必要性”①等反映信息意识的内容。从日本信息学课程中可以洞见，信息学课程对学生信息意识培养的重要作用，以及信息意识教育在日本民众中的重要性。

（三）信息意识几个关键问题的探讨

（1）关于信息现象。从哲学的层面来说，信息是一种非物质的客观存在，它的客观性决定了“信息要依存于某种物质现象而存在”②。例如，一幅画上画着一只鸟，这幅画上有关于鸟的信息，而这信息是非物质的，这幅画可谓之信息现象。另外，心理学的研究认为人脑的意识活动是依赖于脑中所记忆的信息的，因此，信息意识是依赖于信息现象的，而且，经过一段时间对新知识的学习接受，其思想方法、观点、心理活动等都会发生变化。因此，信息意识是会随信息现象而改变的。

---

① 文部科学省. 2012. 高等学校学習指導要領解説（情報編）. http://www.mext.go.jp/component/a_menu/education/micro_detail/__icsFiles/afieldfile/2012/01/26/1282000_11. pdf[2013-09-18].

② 董燕青. 1998. 论信息现象的哲学本质. 新疆大学学报（哲学社会科学版），(3): 15-17.

对信息现象的敏感度应该经历四个过程：第一，就是对信息活动的模仿或信息现象的关注，因为模仿是人类最原始的学习方式，因此，也可以作为对信息敏感度的最初级表现；第二，是对信息的应用，这个过程是建立在第一级的模仿的基础上，通过在信息活动中信息的不同方式应用，从而强化信息现象的敏感度；第三，是养成一种思维模式，让信息主体对信息现象做出一种自然的反应，也是敏感度的关键所在；第四，是用自己的方法解决问题，笔者认为这是敏感度的最高境界。

（2）关于信息活动。信息意识是在信息活动中形成和发展起来的。广义上讲，信息活动是以人为主体的社会性活动[①]，主要表现为信息的获取、加工、表达、交流、评价等活动，所以，信息活动的过程中会伴随着信息价值的判断和信息化社会交往行为。信息活动的作用对象是信息现象，并从信息现象中获得信息，最终的目标是形成信息意识。

（3）关于信息价值。从哲学层面来说，人们往往把价值又分为内在价值和外在价值，但是对于我们要研究的“对信息价值的判断能力”这一问题来说，信息的价值体现的是一种外在价值，也就是说信息具有价值是对于信息自身之外的某个目的、目标或功能而言的，它的作用对象就是信息主体，即信息对信息主体的效用。因此，信息价值在信息主体的需求中诞生，在信息活动中实现，并服务于某种信息活动，这些信息活动则是上段文字所述的信息的获取、加工、表达、交流、评价等。对信息价值的判断能力，则是信息主体对信息价值的主观把握和认识，这种能力也需要在一定的过程中实现，这一过程应该有三个阶段：首先，对信息现象的直观把握；其次，形成价值评价的标准或尺度；最后，通过标准或尺度认识某种有价值信息所带来的利害关系。

（4）关于信息化社会生活与交往的能力。信息化社会中，智能化的信息技术产品无处不在，对于高中学生来说，这种能力将其分成几个方面：首先，较高频率地接触信息技术产品；其次，用信息技术产品保持与朋友或家人的社会关系；再次，在学习和生活中有意识地经常使用信息技术；最后，用信息技术解决生活与交往中的实际问题，并服务于信息化社会。

（四）信息意识的表征

通过以上各问题的探讨，本书将信息意识的表现做进一步的诠释如下。

（1）对信息现象的敏感度，是对信息现象反应的敏锐程度，按程度从低到高可以分为：对信息活动的模仿或信息现象的关注、对信息的应用、养成一种思维模式、自己的方法解决问题。信息活动的参与程度，是学生作为信息主体所参与的相关活动，包括信息的获取、加工、表达、交流、评价等。

① 沙勇忠. 2006. 信息活动的伦理维度. 图书与情报，(1)：34-38.

（2）对信息价值的判断能力，是信息主体对信息价值的主观把握和认识，该认识过程经历三个阶段：一是对信息现象的直观把握，二是形成价值评价的标准或尺度，三是通过标准或尺度认识某种有价值信息所带来的利害关系。

（3）信息化社会生活和交往的能力，表现为一是较高频率地接触信息技术产品，二是用信息技术产品保持与朋友或家人的社会关系，三是在学习和生活中有意识地经常使用信息技术产品，四是用信息技术解决生活与交往中的实际问题并服务于信息化社会。

因此，根据上述的表现，可以将信息意识分级描述，见表 6-3。

表 6-3　信息意识的分级表现

素养水平	信息意识表现
水平 0	（1）在日常生活中，关注一定的信息现象 （2）能够模仿他人的信息活动 （3）较高频率地接触信息技术产品
水平 1	（1）按照一定的信息需求主动地获取信息 （2）能够对信息进行加工和表达 （3）形成对信息现象的直观认识 （4）用信息技术产品保持与朋友或家人的社会关系
水平 2	（1）养成一种基于信息技术的思维模式 （2）能够对信息进行交流和评价 （3）形成信息价值评价的标准或尺度 （4）有意识地经常使用信息技术产品
水平 3	（1）形成利用信息技术解决问题的方法 （2）认识某种有价值信息所带来的利害关系 （3）利用信息技术解决生活与交往中的实际问题 （4）能够服务信息社会，为信息社会做出贡献

第四节　调整信息技术课程内容

课程内容承载着信息技术课程目标和学科核心素养。一般来说，课程内容的选择要根据信息技术课程传统内容特点，参考国际信息技术课程发展趋势。因此，调整信息技术课程内容就是追溯信息技术课程的上游学科、参考国际经验，以完善信息技术课程知识体系的过程。

一、追溯信息技术课程的上游学科

近年来信息技术课程存在的问题是显而易见的，但造成这些问题的原因并不显而易见。我们不能简单地把问题归结为信息技术发展过快，或者归结为社会和教育部门的评价体系所导致对信息技术课程的不重视，而更应该寻找信息技术课程自身的原因，不像普通高中数学、物理、化学等其他学科那样拥有自己对应的学科，信息技术课程一直缺失自己的上游学科。因此，确定信息技术课程的上游学科成为课程内容调整的首要任务。

（一）课程内容的“知识”

在任何学科课程内容建构过程中，知识的选择应是最基础的。课程内容源自人类的科学文化知识，因此，知识是课程内容的重要组成部分。选择什么样的知识决定着课程最终要培养什么样的人，因此，课程改革往往都是知识的选择或革新。对知识的理解有广义和狭义之分，广义的知识观认为只要能够服务于一定的教育目标的各类知识都能够通过结构化的方式成为课程内容，包括概念、规律、原理、事实、态度、价值、规范等；而狭义的知识观则对知识有一定的标准，它必须符合几个条件：一是来源于人类的知识宝库，二是要有益于学生发展，三是要经过处理的，此外还要与学生的生活经验相关联。本书认可知识的狭义观，因为教育是将文化（包括政治、经济在内）加以有目的、有意识地传递与保存，并通过选择与重组而实现文化的改造和创新。[①]随着时间的向前和信息技术的飞速发展，信息技术知识也以更快的速度不断地更新。因此，具体选择信息技术发展过程中的什么知识，直接决定了信息技术课程内容。

（二）计算机科学技术是经典学科

“学科”与科学关系密切，文艺复兴以前，学问并不分科，而统称为“哲学”，文艺复兴时代，近代自然科学得到系统发展，严格意义上的科学形成了，并形成了具有系统性的学科体系。当时，无论是自然科学还是社会科学都建立起了自己的学科，并拥有了一定的知识体系，物理、化学等学科就是源于彼时。因此，知识或学问是科学和学科间的桥梁。“学科”，即英文的 discipline，原意是指知识的分类，《辞海》里对学科的解释有两种：一是指学术的分类，如自然科学中的物理、生物等；二是指教学的科目，即学校教学内容的基本单位。基于本书的目标和意图，本书将学科界定为学术的分类，现代大学一般都采用学术分类的方法进行学科的分类，与中小学的学科课程既有区别又有联系。

学科分类具有一定的标准和原则，国内外的划分也各不相同。联合国教科文组织 1976 年制定了《国际教育标准分类法》，将高等教育学科分为 8 类，包括：教育；人文学科和艺术；社会科学、商业和法学；科学；工程制造和建筑；农业；卫生与

① 丁钢. 1990. 文化的传递与嬗变——中国文化与教育. 上海：上海教育出版社：2-3.

福利；服务行业。计算机科学作为科学门类下计算学科的一个分支学科。英国高等教育质量保证机构（QAA）于 1997 年将高等教育中的学科划分为 42 个门类，其中计算科学是与计算机科学技术相关度最高的学科。美国教育部 2000 年颁布的学科专业目录将美国高等教育的学科分为 17 个门类，其中计算机科学技术属于工学。

从电子计算机诞生，经过多年的发展，计算机科学技术已经自成体系，并成为一门经典的、成熟的学科。我国于 2009 年发布的《中华人民共和国学科分类与代码国家标准》（简称《学科分类与代码》），是中华人民共和国关于学科分类的国家推荐标准，最新版本是 GB/T 13745—2009，共设 5 个门类、62 个一级学科、748 个二级学科、近 6000 个三级学科。其中，“计算机科学技术”被列为一级学科。大学的专业设置是学科分类的最直接体现，其中专业培养方案中的课程设置则是这一学科经典知识体系的表达。表 6-4 是清华大学 2014 级计算机科学与技术专业课程设置。从表中可以看出，对于计算机科学技术来说，计算机原理与程序设计语言是其核心和经典的内容。

表 6-4　清华大学计算机科学与技术专业课程体系（2014 级）①

课程类别	课程名称	
专业核心课程	操作系统 编译原理 形式语言与自动机 人工智能导论 专业实践	
专业限选课程	计算机系统结构	VLSI 设计导论 微计算机技术 数字系统设计自动化 通信原理概论 计算机网络安全技术 存储技术基础 网格计算 高性能计算前沿技术 网络安全与隐私原理 多媒体信息隐藏与内容安全 网络安全工程与实践 计算机网络管理

① 清华大学计算机科学与技术系. 2015. 本科 2014 级培养方案及指导计划. http://www.cs.tsinghua.edu.cn/publish/cs/4842 /2015 /20150410092857531144112/20150410092857531144112_. html[2015-12-02].

续表

课程类别	课程名称	
专业限选课程	计算机软件与理论	初等数论
		高性能计算导论
		数据库系统概论
		软件开发方法
		计算机软件前沿技术
	计算机应用技术	模式识别
		数字图像处理
		多媒体技术基础及应用
		计算机图形学基础
		计算机实时图形和动画技术
		系统仿真与虚拟现实
		现代控制技术
		信息检索
		数据挖掘
		机器学习概论
		人机交互理论与技术
		人工神经网络
		媒体计算
		搜索引擎技术基础
		系统分析与控制
		嵌入式系统

（三）信息技术课程内容的“变”与“不变”

长期以来，我国的育人目标都是人的全面发展，这样才有了学校的课程体系的存在，在选择这门学科的知识时，除了要有自己的知识体系，还要考虑与其他学科一起形成育人的合力。现在的育人理念又指向了立德树人和核心素养，因此，为了继承人类宝贵的信息技术知识与文化，促进并发展学生核心素养，信息技术课程的首要任务就是选择一门可供继承的经典学科。对于信息技术课程来说，通过梳理历史上信息技术课程的内容，就可以发现信息技术课程中的永恒主题和变化脉络。

从表 6-5 中不同时期我国各个阶段教学大纲（或课程标准）中所规定的课程内容可以看出，我国信息技术课程是在“变”与“不变”中前行的。一些课程内容是固定地保留在了课程中，不变的知识内容包括计算机基础与原理、程序设计语言，从历史发展来看，计算机科学技术在信息技术课程内容的中心地位这一传统已被当今信息技术课程所继承。在某个历史情境或某些计算机技术的应用价值变化的影响下，信息技术课程的内容产生相应的变化，但即便有变化，这些变化的中心也在于与计算机相关的应用技术的增加，并被适当地安排在各学段的信息技术课程中。

表 6-5　我国各阶段信息技术课程内容的比较

年份	变化的内容	不变的内容
1984	计算机基础与原理 程序设计语言	计算机基础与原理 程序设计语言
1987	电子计算机操作与应用	
1994	计算机几个常用软件介绍 计算机在现代社会中的应用及对人类社会的影响	
1997	汉字及中西文文字处理 数据处理与数据库管理系统 电子表格 LOGO 绘图 多媒体基础知识及多媒体软件应用 Internet 基础知识与基本操作	
2000	信息技术基础 文字处理的基本方法 网络基础及其应用 数据库初步 用计算机制作多媒体作品	
2003	信息技术基础 多媒体技术应用 网络技术应用 数据管理技术 人工智能初步	

（四）计算机科学技术是信息技术课程的上游学科

本书研究结果表明，计算机科学技术与信息技术课程产生的时间是不同的，计算机科学技术在信息技术课程之前出现，而当计算机科学技术发展到一定程度，尤其是计算机科学技术从生产领域进入消费领域，人们对它的需求越来越多，相应的课程才出现，只不过刚开始建立的课程只是出现在高等教育中，而且课程设置的目的是培养相关专业人才，而不是培养社会公民，信息技术课程（或计算机课程）进入基础教育领域更是滞后。由于计算机科学技术的魅力是独特的，它以其神奇的发展速度，以及在普通民众中的普及速度，无可争辩地登上了基础教育学校课程的历史舞台，从此便有了无可替代的合法地位。尽管信息技术课程的内容和范围受制于当时计算机科学技术的发展水平，但在计算机课程阶段，课程内容几乎囊括了计算机科学技术的全部成果，这种情况从 1984 年的课程内容就可窥一斑。但是，计算机科学技术不断发展，其应用也逐步地面向大众，可供人们选择用来作为课程内容的计算机科学技术知识也越来越多，这样信息技术课程内容就发生阶段性的变化，而且从前面对课程变与不变的分析也可以看出来，任何时期信息技术课程（计算机课程）的内容都无法超越计算机科学技术范畴，而且还要随着计算机科学技术的发展做出适当调整或改变。

通过分析计算机科学技术的发展及其与信息技术课程的关系就会发现，信息技术课程是对计算机科学技术的继承与发展，而计算机科学技术的发展同时也给信息技术课程带来新的挑战：一方面，计算机科学技术是信息技术课程内容的来源，它为信息技术课程提供新知识；另一方面，就如同“技术是一把双刃剑”所描述的一样，人类在应用计算机科学技术时所产生的负面作用，以及新技术给社会带来的消极影响也正考验着信息技术课程，需要信息技术课程在进行内容选择时更加理性。但是，无论如何信息技术课程不可能、也不能够走出一条与计算机科学技术相背离的道路。

二、国际信息技术课程内容的特点

环顾世界，无论是发达国家还是发展中国家，在信息技术课程内容的变革方面都围绕着计算机科学技术展开。

（一）保持经典计算机科学知识的重要位置

英国从 20 世纪 60 年代的计算机课程到 21 世纪初的信息通信技术课程，在课程内容的变化上也经历了与我国信息技术课程发展相似的历程。面对近年来大众信息技术成为主要教学内容，以及学生对课程的负面印象，英国 2013 年开始实施的 Computing 课程更是以计算机科学作为课程的核心内容来设置，表 6-6 是英国 Computing 课程的计算机科学部分的学习计划。从新的课程标准可以看出，Computing 课程的核心是计算机科学，主要内容包括计算和信息的原理、数字系统、编程。并且，基于对计算机科学的理解，学生将会通过信息技术来创造程序、系统和其他内容。

表 6-6　英国 Computing 课程（计算机科学部分）学习计划

学段	计算机科学内容
关键阶段 1（5～7 岁）	算法的表示与执行 程序的推理与预测 程序的编写、实现与测试
关键阶段 2（8～10 岁）	程序的设计与分解 不同语句在程序中的使用 变量计算、输入、输出 算法的解释与修正 计算机网络及其工作原理
关键阶段 3（11～13 岁）	抽象与模拟 排序和搜索算法 利用编程语言解决问题 程序的模块化与测试 布尔逻辑及其在数据库及搜索引擎中的应用 计算机软件与硬件，互联网工作原理，以及物理系统的监视和控制；计算机的指令 二进制及其应用
关键阶段 4（14～16 岁）	为了进行更高水平的研究或职业生涯而进行信息技术和计算机科学的深度研究

印度于 2000 年颁发了《学校信息技术课程指导纲要》，但是印度的地方邦政府具有课程内容设置的自主权，在课程设置时让学生熟悉计算机的各个方面，培养学生的基本知识和技能，以及对计算机使用的态度。例如，喀拉拉邦就以 NCF2005 为基础，颁布了《喀拉拉邦课程框架 2007》，该框架要求喀拉拉邦的高中课程中有一门名为“计算机能力”的必修课程和两门名为“计算机科学”和“计算机应用”的选修课程。此外，印度理工学院孟买分校的计算机科学与工程系于 2007 年 3 月研制了“学校计算机科学课程模型（2007）”，IITB 最新课程模型在设计时就关注概念的学习，促进和提高分步式思维和逻辑推理能力。该课程模型认为概念是计算机科学的概念，而以这些概念为基础的方法则能够使学生可以自主学习，并能够适应未来出现的新工具和新技术。算法和程序语言的学习也是计算机课程的一个重要内容。从印度各类课程设置中可以发现，印度的信息技术课程一直重视计算机基本概念和技能的教学。

（二）依托计算机科学生成多元课程内容

英国 Computing 课程除了计算机科学的内容还有数字素养及信息技术两个内

容。表 6-7 是英国 Computing 课程关于信息技术和数字素养部分的课程内容。

表 6-7 英国 Computing 课程（信息技术、数字素养部分）课程内容

学段	信息技术	数字素养
关键阶段 1 (5～7 岁)	组织、存储、操作和检索数据	安全地通信、负责任地在线，保护个人的私人信息，识别校外常见信息技术的使用
关键阶段 2(8～10 岁)	有效利用搜索引擎	在评估数字内容时有辨识能力 尊重个人和知识产权 安全、负责地使用技术
关键阶段 3(11～13 岁)	选择、使用、组合多个应用程序进行项目创造，尤其是在一系列设备上	实现具有挑战性的目标，包括收集和分析数据，满足用户的需求 创建、重用、修改和重新利用数字信息和内容，注重设计、知识产权和观众需求
关键阶段 4(14～16 岁)	培养计算机科学、数字媒体和信息技术的能力、创造力	培养和应用分析、解决问题的、设计和计算思维能力

三、信息技术课程内容的继承与革新

本书研究结果显示，学生对课程内容的诉求除了要突出计算机科学之外，还希望课程内容丰富多彩、内容更新。因此，信息技术课程内容要在继承传统课程内容的基础上实现革新。

（一）注重计算机科学的基本知识

社会总是在继承历史的过程中获得不断发展，信息技术课程也需要继承它所依托的上游学科，从而获得持续的发展。教育作为一项重要的社会事业必须服务于社会、满足社会在某些方面的需要，同时教育又肩负着双重使命，“一个是继承过去，一个是面向未来……教育既负有继承文化传统，又负有创造新文化的双重使命”①。因此，信息技术课程内容的选择应该是基于系统的计算机科学知识，让计算机学科的经典思想、概念、方法以及思维方式通过大众化的基础教育传承下去，让信息技术课程焕发新的活力，让学生和教师们重新燃起对信息技术课程的兴趣和爱好。

（二）将新技术和新工具引入课程

“教育通过选择而传播的文化已经不是原来的文化，因此教育总带有文化创造

① 金世柏. 1986. 试论科技革命与教育改革——从比较的角度(连载之四). 外国中小学教育, (1): 6-7.

的意义”[①]，信息技术课程的新的发展方向及新的价值取向必将继续影响甚至左右未来信息技术课程的内容。首先，人是教育的出发点，信息技术课程的主要价值应体现在学生的发展上面，但这种发展不是把学生训练成计算机科学技术学科的专家，而是让学生能够利用文化中的智慧和审美的资源，使之指导他们的理智行动，帮助他们从复杂的周围世界中创造意义和秩序，让学生通过信息技术课程学习不仅能够习得计算机科学知识，还要对信息技术的发展与变化保持一定的注意力，将新技术和新工具引入信息技术课程，并通过新技术产品的应用体会技术的社会价值和人文价值。

（三）追求严谨的知识体系

回望我国信息技术课程的发展历程，人们也一度批判计算机课程过分注重高级语言和算法的学习，1995 年，大卫·艾伦曾针对当时中国的计算机课程提出“计算机语言的学习已经被认为是过时的了”[②]，因此，后来计算机工具理念下的信息技术课程一直强调技术的操作与应用。然而科学与技术是辩证统一体，由于看不到科学与技术的整体性，信息技术课程内容过于拘泥于“计算机技术”与“信息技术”，信息技术课程的教学活动停留在计算机操作层面上，很多有改革意识的教师也开始反思信息技术课程“什么知识最有价值”。信息技术课程要长期稳定地发展，课程内容绝不应该停留在计算机软硬件的操作上，必须要有稳定的课程内容，而课程内容的结构应该以结构化的学科知识为基础。此外，成为技术的创造者，不但依靠科学知识，还要有推动社会进步的责任，而且在我们这样一个充满了发明创造、以技术为基础的社会中，科学与技术影响着人们日常生活的方方面面，公民对基本科学的无知，将妨碍他们对生活中用到的许多工具与服务的理解。[③]因此，信息技术课程内容应该以计算机科学技术学科的知识为核心，形成系统、严谨的知识体系。LY 教授设想的信息技术课程体系与结构，与本书对课程知识的系统化不谋而合：

小学接触 LOGO、Scratch，模块化的东西，不走太远；初中沿着计算思维的思路，引用算法的东西；高中阶段就是面向问题解决，用哪种方法展开问题解决。每个阶段有适合认知水平的方法，前面有教材进行过相关的实验，但要假以时日，要大家一起实验，最终积累就可以更好了。如果按这种思路，就把知识梳理有体系了，有纵深了，这样每个阶段重点强调什么东西上，过去没有这种方法的时候只是看到一些工具，Word、PowerPoint，要么就是各种语言，用这种眼光去看的

① 顾明远. 2004. 中国教育的文化基础. 太原：山西教育出版社：37.

② 王吉庆. 1999. 信息素养论. 上海：上海教育出版社：147.

③ 刘大椿，刘劲杨. 2011. 科学技术哲学经典研读. 北京：中国人民大学出版社：326.

时候只好去重复，都不知道什么理由去重复，只能这种方式来，但是现在语言都退到其次层面上了，甚至有的老师都可以领着学生自己设计语言，完全可能得到这样，这样的孩子教出来以后不至于到大学毕业后成为程序员了。

第七章　我国信息技术课程发展的策略

信息技术课程发展不是一个事件，而是一个过程，如果把前面对信息技术课程发展路向的研究看成是求“知”的话，策略的功能就在于求“行”，因此，本章将从保障信息技术课程的革新和可持续发展的视角来探讨我国信息技术课程发展的策略。

第一节　制定系统化的课程政策

系统化的课程政策由三个方面构成：一是政策目标，它引领着课程政策制定的方向和目的，回答的是“为什么”的问题；二是政策载体，它以文件或课程标准等形式出现，保障了政策目标的实现；三是政策主体，这里的主体指两类人，一类是政策的制定者，一类是政策的执行者。课程政策直接影响着课程发展的方向、速度和效率。[①]

一、将学科、社会与学生发展需要的统一作为政策制定的基本价值

学科中心课程、社会中心课程及学生中心课程是课程理论的三种思潮，而学科、社会和学生也是影响课程发展的三个重要因素。课程建设之初，往往在课程内容上都是取材于社会，因此当时社会的价值观直接决定了课程的目标与内容，而科技与生产力的需要成为课程政策制定的主要依据。同时，社会在不断发展，社会的需要又会成为课程改革与发展的重要推动力，“政府把课程作为经济重组与发展的主要策略已成强劲之势”[②]，正如前面所述，正是计算机科学与技术的诞生，开启了我国信息技术课程之门。而以计算机为核心的信息技术的发展，又让我们的信息技术课程产生一次又一次的变革。

传统的学科课程旨在拥有学术知识锻炼能力，布鲁纳主张“构成一切科学和数学之核心的基本概念，形成人生和文学的基本课题，是强有力的，同时又是单纯的”[③]。信息技术课程发展初期，在当时的条件下，我国信息技术课程是学科

① 胡东芳. 2001. 课程政策研究——对“课程共有”的理论探索. 上海：华东师范大学博士学位论文.

② Lew A. 1991. The Lntanational Eticyclopedia of Curriculum. Oxford: Pergamon Press: 122.

③ 布鲁纳. 1973. 教育过程. 邵瑞珍，译. 上海：上海人民出版社: 9.

中心取向的，课程内容的选择是以计算机科学与技术学科知识及相关专家的知识体系为准，并以选修课文件的形式传达下去，这是基于当时我国国情的一种必然选择。当然，这种知识传递方式快速、便捷，能够以最快的速度在全国范围内扩散开来，而且这种课程政策也是具有我国特色的知识传递方式。时代在不断发展，生产力水平在不断提高，处于这个时代中的人们对课程也有了更多的需求，20 世纪 90 年代以后，我国信息技术课程的设计和政策制定都已经开始转向对人的关注，所以才会把目前正在执行的信息技术课程目标定位在了信息素养的培养上。

从形式上看，信息技术课程外显为一个知识体系，信息技术课程政策的核心面临的是如何选择与组织信息技术知识体系中的各类知识，而实际上学生和社会的价值需求也要通过知识来实现，只不过没有外显在课程政策中，因此，可以说知识是信息技术课程政策制定的内部因素，而学生和社会则是课程政策制定的外部因素，它们赋予知识相应的价值、使命和作用，让知识凸显出了其育人的一面，更进一步制约着课程政策的制定与修订。虽然课程政策出台后，我们看到的主要还是知识的选择与呈现，但是应当知道其背后是有社会的需要和学生的诉求在起着助推作用，因此，如何使信息技术课程既要满足计算机科学技术学科发展的需要，又要满足社会与学生发展的需要，是信息技术课程政策制定之初应当考虑的问题。当然，我们追求的理想的信息技术课程政策也是学科、社会与学生发展需要的辩证统一。

二、修订课程标准，使“路向”转化为具有约束力的课程政策

课程标准作为课程政策的载体，是课程政策的最直接表达。普通高中信息技术课程标准从颁布至今已有十年多时间，面对着社会环境的变化、学生的诉求，以及多年来课程实施中遇到和出现的问题，急需从国家层面做出回应，那就是对信息技术课程标准进行修订，这样也能够保证将本书所设定的“路向”转化为具有约束力的课程政策。当然，课程标准的修订涉及范围十分广泛和复杂，本书主要关注的是课程专家和信息技术企业的精英人士在其中所做的贡献。

（一）优化课程专家在课程标准修订中权力的表达

信息技术课程相关政策制定出台前，必须广泛倾听专家学者的意见，在机制上要创造条件让专家表达自己的权力，这样就会提高政策制定者的士气，也会加快课程政策的出台。课程专家的作用在于贡献专业的课程知识与学科知识，协助教育政策的制定，帮助政府进行教育决策。要在课程标准修订中有相应的权力的表达，就要参与到课程政策的制定中。课程专家参与课程政策制定的方式一般有三种：第一种是政客型专家，他们本身除了具有专家知识以外，还有一定的行政

职务，在课程政策的制定中具有一定的号召力；第二种是顾问型专家，他们没有专门的行政职务，只充当政府的顾问和智囊，对课程政策具有一定的影响力；第三种是学者型专家，他们没有行政职务，也不为政府作“参谋”，只是在具体的政策环节参与到其中，他们可以针对具体的课程问题进行发言和讨论，许多课程政策都有他们的标记。《普通高中信息技术课程标准（实验）》在制定之时，就有多名专家的参与和贡献。优化课程专家的话语权，不是让专家搞一言堂，产生话语霸权，也不是让他们作政府政策的解释者，而是让他们在课程政策制定中发挥引领作用和研究的独立性，从而在课程变革的源头上保证课程知识的科学性与前瞻性。如果可以的话，最好将信息技术课程政策出台前的一些相关研究课题委托给某些高校或科研机构，或者由行政部门组织召开专家咨询会，从而提高专家的话语权，这样也体现了国家或政府部门对专家的重视。专家的研究，一定会推动我国信息技术课程发展的步伐，加快信息技术课程由理论向实践转化的速度。

（二）信息技术企业的精英人士参与课程标准的修订

课程标准的制定过程就是课程内容的选择过程，而课程内容的选择主体制约着课程标准的最终形式。在我国之前几次的课程改革过程中，课程的选择主体比较少，最终的选择权是教育主管部门。而课程内容的选择主体应呈现多元化趋势，与课程存在利害关系的人都可以成为课程知识选择的主体。[①]到了新一轮课程改革，参与高中信息技术课程标准制定的主体已经有三类人，分别是信息技术学科专家、教研员和一线教师，其课程目标是提升学生的信息素养。但是面向未来的信息技术课程是要培养学生的技术创造力，成为未来信息技术行业的高级人才，所以在修订信息技术课程标准时应该在选择主体中加入第四类人——信息技术企业的精英人士。信息技术企业的精英人士对于课程内容的选择有其独到的优势，他们处在信息技术发展的最前沿，掌握信息技术的最新信息，能把最新的技术带给学生，使学生了解信息技术领域的最新进展，而且在大量的实践中，他们知道技术中的哪些知识需要学生掌握，知道未来信息技术行业的高级人才应该是什么样的，清楚地认识信息技术课程可以为高级人才的形成打什么样的基础。

三、教师专业发展一体化建设，打通理想与现实之间的通道

教师是信息技术课程持续发展的生力军，信息技术教师的专业化发展是信息技术课程变革过程需要解决的关键问题。应该从信息技术教师的职前培养与职后培训两个方面进行教师专业化发展一体化建设，为信息技术课程发展作长远规划。

① 郝明君. 2006. 知识与权力——课程作为政治文本之研究. 重庆: 西南大学博士学位论文.

（一）整合大学信息技术相关专业，探索信息技术学科建设新模式

研究表明，信息技术教师要想获得持久的专业化发展，其专业化发展能力尤为重要，而这种能力从职前教育中所获得的储备是一个关键因素。大学阶段所接受的教育是否有意义，对信息技术教师将来是否胜任自己的职业有积极的作用，也能使他们对将来整个职业生涯有个感性的认识。但是信息技术教师的可持续发展，正面临着大学的相关专业建设和育人机制带来的挑战，本书研究显示，教师的专业背景来源复杂，计算机专业背景占 43.5%，教育技术专业背景占 20.2%，还有 24.4%的信息技术专业背景。作为一门国家课程，除了要有自己的上游学科，还要有专门的人才培养领域，为了真正做好信息技术教师职前和在职的衔接工作，必须意识到大学信息技术及其相关专业建设的重要性。从信息技术教师的质量和来源来说，需要大学在进行学科专业的建设时做到两个方面：第一，在各大学进行专业设置和制订招生计划时，要明确规定此专业的育人价值、课程体系和专业学生的毕业去向；第二，整合大学信息技术相关专业，在现有相关专业的基础上，将信息技术课程中所设置的内容分别安排到计算机、信息技术、教育技术等领域，学生对这几个领域的学习不是孤立进行的，而是根据需要有目的地整合在一起，并以综合方式呈现学习结果，这是一种信息技术专业内部的整合。

（二）提供多种平台，支持信息技术教师专业化持续发展

信息技术课程改革十多年来，在国家、地方政府机构，学校管理层面，学科专家、研究者的共同努力下，得到了广泛的认同。在“国培计划”等项目支持下，信息技术教师在十多年的改革实践中逐渐步入良好的发展轨道。对于信息技术教师来说，正在步入专业化发展与成长的上升期，因此，需要提供多种平台以支持信息技术教师专业化持续发展。首先，可以在国家层面制定信息技术教师专业标准，从而凸显信息技术教师职业的专业性、推进信息技术教师专业化进程，也是国家提高信息技术教师质量的一项重要战略。大多数信息技术教师在专业化发展方面有着强烈的诉求，但是并不能很好地把握自己持续化发展，需要教育决策部门、学科专家和广大研究者给出良好的专业化发展的标准，给予他们专业化发展道路上的指导和引领，也能够为职前信息技术教师培养和在职信息技术教师培训提供目标参照，为信息技术教师的资格准入、退出、考核与评价提供依据，有章可循。其次，持续开展以“国培计划”为引领的各类培训项目，相较于课程改革初始时不同，后续培训的目标瞄准在信息技术教师的专业能力提升上，同时，在培训方式、培训内容等方面做有针对性的调整。

第二节　开展科学化的课程开发

课程开发的功能在于研究、设计和管理课程要素的工作关系，为了实现预期的结果，这些要素在教学阶段将被使用。[①]因此，科学化的课程开发应该是“一个以一种有序的方式组织环境，以协调时间、空间、材料、设备和人员等要素”[②]的过程。信息技术课程开发需要从以下三个方面展开。

一、重视课程开发的民族性

我国正在向工业化强国和经济强国的方向发展，在这个过程中，我们往往会集中于注视着发达国家的经济、科技及文化教育的经验，并加以吸收和引进，而忽视我们本民族的文化传统的传输与教学，这是要引起我们高度重视的。如今，欧美文化是一种强势文化，不断冲击着处于劣势的其他文化体系。印度在进行信息技术课程改革过程中，十分注重对本民族文化的继承，如 IITB 的计算机科学课程模型中就建议以帕坦伽利瑜伽经中“比知”“认知”等方式实施教学，也建议学校在基础设施上采用 Linux 操作系统。受微软的强势影响，我国目前的信息技术课程的课程内容平台是 Windows，都把 Windows 系统作为当前的默认平台，“我们的信息技术教育是围绕着微软的产品进行，使用户从小开始就习惯于微软的产品”[③]。如果我们都习惯了一个操作系统，怎么去接受另一个操作系统？我们的学生接受了 Windows 操作系统的训练，接受微软产品所承载的文化的熏陶，等他们长大后，能够在多大程度上接受我国自己研制的操作系统、信息化产品及信息文化。总之，为了不使我国信息技术教育成为微软产品在我国的免费培训班，我们必须要跳出诸如 Windows 等强势文化的影响，在我国信息技术课程中，重视能加强我国民族内聚力的信息文化传统，以免我国在课程发展过程中出现文化的失落及民族内聚力的涣散。

LY 教授对我国伟大的历史和文明有着强烈的自豪感，同时也看到了西方文明对信息技术课程的影响，对于文化与课程之间的关系，有着作为学者的清醒认识：

整个地球最好的土地在中国，45 度上下，风调雨顺，地中海沿岸和美国都在这位置上。但是美国山脉是纵向的，自然条件不比中国，我们讲的中国是大概念

---

① Hauenstein A D. 1972. Curriculum Planning for Behavioral Development; A Guide for Increasing: Learning Efficiency, Content Relevancy, Student Involvement, Teacher-student Accountability. Worthington, OH: Charles A. Jones : 6.

② Feyereisen K, Fiorino A J, Nowak A T. 1970. Supervision and Curriculum Renewal: A System Approach. New York: Appleton-Century-Crofts: 204.

③ 江信龙. 2005. 我国中小学信息技术教育的单一平台问题. 教育信息化, (7): 19-23.

的，包括东南亚，富足能养活自己，从来不想外侵，都是被别人侵略的。这块地方雨热同季，热的时候该下雨，五谷丰登，不同季就是长草。中国在工业革命时睡觉，沉寂在几千年的思想里，我们有过措手不及。但西方人在享受这些成果后，不思进取，我们却开始认真思考。依我们在前段认识阶段中接受的认识，在中国文化背景上如果不用课程是无法落实好信息技术教育的。

华人文化，是在农耕文明基础上发展起来的，不同于西方是在游牧民族基础上发展起来的，是不一样的，我们中国文化背景上成长出来的是我们特定文化背景的合理模式，所以说在中国特定的文化背景上，以课程形式来落实信息技术教育的话，有文化背景的合理性，所以我们所做的尝试就是一种积极的尝试，不光是对第三世界国家，对农耕文化和以游牧文化发展起来的西方国家也有一定的借鉴意义。

二、一体化规划各学段的课程标准

一体化规划是基础教育各学段课程标准制定的重要原则。课程标准的一体化规划就是要在课程目标和内容上有清晰的学段性和连续性。目前我国的信息技术课程只在高中阶段制定了课程标准，义务教育阶段还没有出台课程标准，不同学段在课程组织上没有逻辑性和连续性，而且在课程内容上基本都是信息技术的理论知识、Windows 操作系统、Word、Excel 等软件应用等，信息技术课程成了“微软培训班”，而且面对这种“重复”劳动，学生对信息技术及相关专业也产生了枯燥、乏味的印象，本来喜欢玩电脑的孩子却非常厌恶计算机课程。[①]造成当前信息技术课程组织混乱状态最根本的原因是没有一体化地规划基础教育各学段的信息技术课程标准，这对我国多年的信息技术课程发展来说是一个重大的损失，更不利于未来技术的创造者的培养。为了适应不同年龄阶段的学生认知结构，培养面向未来的技术创造者，在进行各学段的课程标准一体化规划时，需要螺旋式地组织信息技术学科内容和知识结构，使课程内容在不同学段上相互衔接、各有侧重，否则课程内容只能一直停留在教授大众化的信息技术层面，学生也只能是普通的技术应用者。

WJQ 教授十分提倡信息技术课程的顶层设计，并将软件工程自顶向下（Top-down）的思想作为信息技术课程开发过程中的主导思想，在谈到这个过程时，他说：

从教育部角度来讲，缺乏标准，你看过 2000 年的指导纲要，那里面初中小学都是那几个东西，上课、教材方面无非是软件换一换。前面口号可能提得很好，提高信息素养，但是信息素养到底是什么，具体落实就没有了。在前面缺乏顶层设计，就是国家层面上的，义务阶段的标准制定，高中的标准也要修改了，从软

① 王吉. 2011. 高中信息技术课程的现状、问题与对策. 现代教育技术，(1)：52-55.

件工程上讲就是 Top-down，你 Top 没有，有模块了没有路线图，数据流没有搞清楚，所以导致小学初中都上一样的课，到高中还要补课，更好的词叫梳理一下，所以急需 Top-down，而且 Top-down 以后把具体的方案搞清楚，哪些模块，课程标准定好，教师怎么补课，这个东西搞得细一点，这点要向国外学习，把它理成一种可操作的表述出来，一看你学过了应该会了，第一要消除重复，第二信息技术比较特殊，在技能方面重复是可能的，但是思维要不断地上升，就是这样一个过程。

三、课程评价方式面向学生未来的专业选择

课程评价方式有过程性评价、总结性评价等不同的形式，总结性评价是信息技术课程的学业水平认定的主要依据，本书中的课程评价方式指的是信息技术课程的学业水平认定方式。考试是许多国家采取的一项主要的课程评价方式。近年来，我国很多信息技术课程实验区尝试了高考、会考、等级考试、水平测试等不同形式的课程评价方式，考试形式各有千秋，也跳出了一张纸、一支笔的传统模式，有的地区更是把信息技术作为高考科目。但是为了达到课程目标的要求，其结果要么就是“技术淡化”，要么就是只考查常识性的知识与能力①，甚至考察的知识涉及历史、文学、社会、美术、音乐等多个学科，这在无形中增加了学生和教师的负担，更冲淡了信息技术学科的独立性。在我国，很多大学都设置了信息技术相关专业，可以进一步培养未来的技术创造者，因此，在中考或高考中可以设置信息技术相关的考试科目。例如，可以根据课程内容的体系，设置几大模块考试以供学生进行有目的的选择，不打算在大学学习相关专业的学生就不需要参与考试。这样信息技术课程的边缘性地位及学生对信息技术课程的印象都会得到改善。

自从 2014 年教育部出台《关于普通高中学业水平考试的实施意见》，高考改革成为近两年备受社会关注的热门话题，各地也在《关于普通高中学业水平考试的实施意见》的指导下纷纷出台相应的高考改革相关政策。《关于普通高中学业水平考试的实施意见》明确规定，学业水平考试范围覆盖所有科目，防止严重偏科。这些规定对于信息技术课程的发展也具有指向性意义，其中对于信息技术课程学业水平的认定，就需要以更加科学、合理的方式纳入各地高考改革方案中来，而且要面向学生未来大学相关专业选择的需求，这对信息技术课程的设计和实施都提出了挑战。此外，对学业水平考试的命题者也有了更高的要求，这些都是课程开发时需要考虑的课题。

① 冯友梅，李艺. 2008. 海南、山东两省信息技术课程进入高考模式的分析比较. 中小学信息技术教育，(3)：17-18.

四、教师、学生参与课程决策

McNeil 将课程决策分为四个层次，即社会的、机构的、教学层次的和个人层次的。在不同层次上的课程决策所涉及的范围和侧重点是不同的。在社会层次上的决策主要是课程标准的制定、课程的目的和目标的确定及教科书和其他教学材料的编写等。[①]在教学层面上的决策，主要是具体的教学目标、内容和方法的决策。

（一）发挥教师与学生在信息技术教材开发中的主体作用

教材的编写受制于多方面的因素，与编写者自身情况、课程方案、编写周期、编写队伍组成结构等都不无相关。在本书中，学生普遍反映信息技术教材在课堂上的使用率并不高。信息技术教材的质量决定着信息技术教材在课堂中的使用情况，虽然在信息技术教师眼里，教材已经更好地体现了课标的思想、精神和种种规定与要求，但是从学生层面所体现出来的实用性不强的表现，还是对信息技术课程实施产生了消极的影响。因此，应该发挥师生在信息技术教材开发中的主体作用，提升教材在信息技术课程实施中的实用性，这样也能根据学生、课程的深度和范围、学校的差异，给教材的选择带来更多的机会。因此，要保证和提高信息技术课程实施的质量，必须重视教师与学生在教材开发中的主体作用，可以说这是信息技术课程发展面临的重大课题。

（二）信息技术课程的选修内容切实做到教师与学生主导

本书研究显示，虽然有 30%的教师能够决定信息技术课程的选修内容，但还是有大部分的教师没有这样的决策权力，这种现象如果长期存在于课程实施过程中，那么了解自己学校课程需求的教师只能对课程标准中规定的选修课无能为力，最终将导致教师失去对信息技术课程最基本的热情，只是一个“教书匠”，不要说课程的敏感性、创新性，就连基本的课程意识也会渐渐丢失。因此，教材的选定及教学计划的制订必须要有教师的参与，而教师自身也要积极主动地对教材的版本和内容提供实践层面的建议。当然，教师作为主导的同时，必须考虑学生的主体意愿，让其参与到课程实践中来。而且人们“越来越认为在有关教学组织安排的决定方面，他们有权发表意见”[②]。本书研究结果表明，如果学生对某个内容感兴趣，自然就会有很强的学习动机。此外，当学生作为课程决策的主体时，信息技术课程学习的氛围自然就变得轻松愉快，更进一步说，学校的整体学习环境与课程改革的进程则会大大改善与推进。

---

① 解月光. 2007. 普通高中技术课程实施个案研究. 长春：东北师范大学博士学位论文.

② 联合国教科文组织总部中文科. 1996. 教育——财富蕴藏其中. 北京：教育科学出版社：136.

第三节　营造数字化的学习环境

学习环境的数字化是数字化学习的基础与保障。信息技术不仅给课堂教学活动与教学模式带来了变革，更让“原有的课堂在时间与空间上都得到了极大的延伸”[①]。本书中数字化的学习环境包括数字化“硬”环境、数字化“软”环境和体现人文关怀的数字化人际关系。

一、持续建设教育信息化基础设施，构建数字化学习的“硬”环境

（一）地方行政部门保障经费投入，缩小数字鸿沟

所谓数字鸿沟，是指不同社会群体之间在拥有和使用现代信息技术方面存在的差距。数字鸿沟影响着城乡区域的统筹发展，日益成为和谐社会建设过程中必须面对的重要课题。国家信息中心《中国数字鸿沟报告 2013》显示，中国仍然存在明显的数字鸿沟，主要体现在城乡之间和地区之间。2012 年中国数字鸿沟总指数为 0.38，表明仍然存在明显的数字鸿沟。2012 年城乡数字鸿沟指数为 0.44（即表明农村信息技术应用水平比城市落后 44%），地区数字鸿沟指数为 0.32（即表明最落后地区的信息技术应用水平比全国平均水平落后 32%）。根据教育部的统计，我国有 100%的高中、95%的初中、50%的小学都已经开设了信息技术课，可见信息技术课程在中小学已经基本普及。从教育部给出的数据可以看出，我国仅有 50%的小学开设信息技术课程，与高中和初中阶段的信息技术课程存在严重的不协调，义务教育阶段的信息技术教育还没有达到普及的程度。

受经济发展不平衡的影响，我国区域教育还存在着不平衡的问题。如果信息技术不能以学校课程的形式存在，就很难保证学生学习信息技术的平等机会，加剧区域教育的“数字化鸿沟”。[②]教育信息化基础设施的建设差异是诱发数字鸿沟的重要因素之一[③]，因此，为了降低区域间教育信息化的差异，需要地方行政部门持续地投入资金，支持教育信息化发展，从而缩小数字鸿沟。当然，“资金问题决不是简单的有钱就投，没钱就不投的问题”[④]。

FDR 教授也很重视缩小数字鸿沟对信息技术课程发展的重要性：

---

① 简婕. 2011. 支持高阶思维发展的数字化学习环境构建及其实证研究. 长春：东北师范大学博士学位论文.

② 李锋，王吉庆. 2013. 信息技术教育：历史的考察与现实的追问. 中国电化教育，(2)：1-5.

③ 袁勤俭. 2007. 数字鸿沟的危害性及其跨越策略. 中国图书馆学报，(4)：27-31.

④ 董玉琦. 2003. 信息教育课程设计原理：要因与取向. 长春：东北师范大学博士学位论文.

再一个就是信息鸿沟越来越大，所以现在这个问题不就是这样，为了解决这个问题最好把它单独做，而且制定指导意见和课标，西部要在国家政策和资金上的倾向把课开起来，这样也可以缩小东西部差距，缩小数字鸿沟。

（二）学校实施数字化校园建设

本书研究显示，学生对信息技术课程上课期间的教师不开放网络行为并不赞同，有人感慨“多有一些上网学习的时间就更好了”，学生期待着能够在课堂上有自由的上网时间，从而为他们拓展学习空间，这也是学生进行数字化学习的前提。此外，学校机房是信息技术课程实施的主要场所，也是学生数字化学习的集中地点。本书研究显示，学校的机房硬件设施的配置已经不能跟上现代信息技术发展及学生发展的需求，学生希望机房的硬件有更高的配置，学生对机房硬件配置的建议具体的有：

“高配计算机、MAC 系统”，“信息技术课是应该拥有较高配置的计算机，建议显卡 GTX980ti、4GB 显存、i7 处理器、32 英寸三星液晶显示屏、32G DDR4 内存条、1TB 固态硬盘、黑轴 24 键以上无冲机械键盘、要求背光、人体工程学鼠标、Windows 7 64 位旗舰系统”。“高配计算机，六路、GTX TITAN X、i7 5xxx 以上、32G DDR4 内存条、32 英寸 4k 显示屏、樱桃黑轴机械键盘、微软 I e80 光电鼠标、水冷散热、512G 固态硬盘、铝合金鼠标垫、100M 电信光纤、Win7 系统。”

教育信息化是教育现代化的重要保障，习近平总书记和李克强总理在不同场合都强调了教育信息化在推动教育变革与创新中的作用，以及数字化平台与资源建设对教育公平的实现的重要性。“三通两平台”建设正在全国各地校园逐步推进，而建设数字化校园就是在交互式多媒体设备班班通基础上，建设有线、无线全覆盖的校园网络环境， 对校园的基础设施，包括信息技术课程的机房，进行数字化改造。因此，数字化校园的建设是信息技术课程发展的重要依托，也是学生进行数字化学习的“硬”环境。

二、提供数字化学习资源，助力数字化学习的“软”环境

数字化学习是信息技术学科的学习方式，本书研究显示，学习资源是学生数字化学习的主要需求，他们希望信息技术课程“应教我们利用网上的各种资源网站寻找各种百科知识等，方便学生在家通过网络自主学习”。“创建学习平台，下发学习任务及制作方法，自主完成。”“可以上网查找完成作品所需的一些资料自主完成，学习一些平时随时可以应用到的一些网络技术，同时在自主创作过程中可以培养同学之间的合作能力和沟通能力，同样的，我认为信息技术课堂应该只是与自主操作并存，并且应给予学生自主上网的时间，而不是一味地、枯燥

地学习技术。”数字化学习资源能够支持学生的数字化学习方式。信息技术可以提供广泛的学习资源，可以作为教具、学具和思维工具，这些构成了基于资源的学习环境，本书认为这种环境是信息技术课程数字化学习的“软”环境。

美国学者 Michael Hannafin 提出了基于资源的学习环境（resources-based learning environments，RBLEs），他将“资源”广义化，认为“资源”由多个成分组成：学习资源、情境、工具和支架（图 7-1）。其中，学习资源有两种，一种是静态资源，包括教材、书、杂志、报纸等；另外一种是动态资源，动态资源是不断发展变化的，其中网络资源就是资源频繁和持续地发生变化的动态资源。情境是支持学生理解学习内容的环境，在数字化学习环境中，情境在教师的教和学生的学之间建立起重要桥梁，它由教师构建，让学生去理解，在形式上可以分内部生成式情境、学生间协作式情境及外部引导式的情境。数字化学习环境中的工具的作用是辅助学生的学习，在这个过程中，学生可以通过这些工具来查找、获取和处理他们所需的学习资源，并且可以通过这些工具组织学习资源，表达他们的思想，这些工具包括搜索工具、处理工具、操作工具和交流工具。RBLEs 的支架主要包括概念支架、元认知支架、过程支架和策略支架。

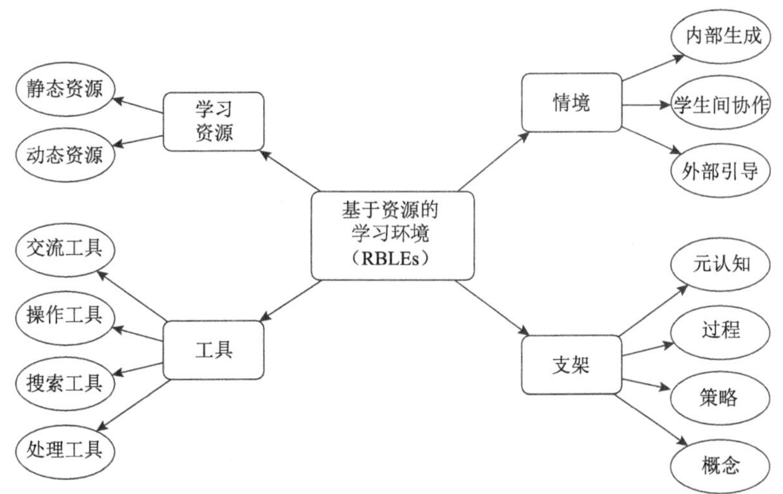

图 7-1　基于资源的数字化学习环境框架

为了满足学生数字化学习的需求，数字化学习环境已经向大家提供了一个搭建好的框架，实现这个环境的硬件设施也在不断地完善和发展。对于信息技术课程来说，课程实施者的主要任务就是为了设计和实施 RBLEs，寻求各种方法和途径。这种数字化学习环境的优点就是其各组成部分可以灵活组合，进而演变成不同类型的新的数字化学习环境。为了更有效地引导和促进学习者的数字化学习，学校和教师都要改变原有的基于简单资源（如软件、课件、多媒体资源等）的学习方式，走向更加灵活的基于资源的学习方式，以培养学习者的数字素养和技术创新能力，只要提供更多获取资源的机会、多种处理和使用资源的方法，就具备了开展基于资源的学习方式的成熟条件。

三、建立数字化人际关系，体现信息技术课程的人文关怀

日本学者佐藤学认为，学习实践包括三种类型的实践：第一种是认知性实践，这种实践是建立在人与外部世界的联系的基础上；第二种是社会性实践，是通过人与人之间的联系建立起来的；第三种是伦理学实践，是自我价值的实现。而学习者所进行的学习活动，是要以人与人之间相关联的社会性实践为依托，进而完成认知性实践和自我的伦理学实践。数字化学习环境又是社会性实践的平台，在这个数字化环境下，学生要重建跟教师和其他学习者的关系，这种建立在数字化软硬件环境基础上的师生、生生关系，本书称之为数字化人际关系。

（一）建立数字化师生关系

传统的教育环境下，教师与学生之间的关系是主动与被动的关系，教师是主宰者、知识的传递者，更是教学环境的管理者，学生是知识的接受者、教学环境的被管理者，学生与教师之间处于绝对的不平等状态。在这种情况下，学生受外在因素的影响较大，也会受到来自教师的压力，从而在个性和创新性上都受到限制，人的主体性不能得到充分的发挥。数字化学习环境下，知识的产生方式和传递方式都发生了质的变化，教师和学生都在这个环境中，他们共同管理知识、相互传递知识，教师不再是知识的唯一来源，学生与教师之间处于一种相对平衡的状态，学生可以在这个数字化环境中建构自己的新知识、发展自己的新认知，还能进一步促进自己思维的发展，这样就形成了数字化的师生关系。数字化学习环境是教师与学生之间的一个平等交往的空间。师生置身其间，耳濡目染，潜移默化，相互受到思想的启迪、精神的陶冶，最重要的是在这种交往、对话和理解中产生富有创造性的思想。①

（二）构建学习者共同体

除了数字化师生关系，学习者之间的关系也是数字化学习环境营造过程中的一个重要环节，本书称之为数字化生生关系。本书研究结果显示，学生在学习方式上对自主学习、交流互动、协作学习等数字化的生生关系有着最强烈的需求，当然，这种生生关系必须是互动性的，互动过程中的每一个学生都是参与的主体，

---

① 夏欣. 2013. 数字化学习资源建设价值观研究. 武汉：华中师范大学博士学位论文.

也是人与人之间相互关联的社会性实践的创造者。布鲁纳认为，越来越多的学习都变成了一种共同的、互动的活动，除了重视发明和创造，更要重视合作与交流。合作与交流可以为发明与创造提供思维的源泉与动力。在数字化学习环境下，除了学生诉求的自主学习，还包括探究学习、研究性学习等方式，为了完成某一个需要探索的问题，学生之间就会形成一个学习或合作的共同体，在这个共同体中，学生之间既在情感上互相支持，也是探究和协作的伙伴，他们在交流与合作中共同成长和进步，最终获得想要的学习结果，甚至是自我精神上的满足。

虽然信息技术课程相对于其他学科课程来说，在拥有数字化的“硬”环境和“软”环境上更有优势，但是这种教师与学生之间，以及学生与学生之间在数字化环境下的关系，就是数字化人际关系，同样适用于信息技术课程的学习，也更体现信息技术课程的特色和人文关怀。

第八章　结论与展望

第一节　研 究 结 论

对我国信息技术课程发展的研究，是对现有的信息技术课程的一种超越，是从知识、社会与人才统一的视角，通过对信息技术课程发展现状的抽取、对信息技术课程发展历史的经验总结凝练而成。

一、历史表明信息技术课程在计算机科学与技术为驱动力的合力中前行

信息技术课程发展历史是任何信息技术课程研究都绕不过去的节点。历史是一面镜子，通过回顾，总是会带给我们经验和启示，甚至还有惊喜。本书不是以时间顺序、按阶段对历史进行总结，而是打乱时间，从不同阶段的课程历程中提炼共性，从而找到推动我国信息技术课程向前发展的合力。研究发现，我国信息技术课程在社会、人才与知识的合力中前行，信息技术课程正是这三者在不同的发展阶段相互调适的结果，当三者的相对平衡关系被打破后，就会出现新的信息技术课程。更确切地说，是在计算机科学与技术的核心驱动下，在育人理念的变化及课程政策的合力作用下，我国信息技术课程诞生了，它完成了从一门实验课程到选修课程再到学科必修课程的转变过程。

（1）正是计算机科学开启了信息技术课程之路。计算机科学与技术是信息技术的重要奠基者和重要的载体，也一直都是信息技术课程的主体内容，更是我国信息技术课程发展的核心驱动力。从历史上的课程文件可以看出我国信息技术课程的变革之路正是沿着计算机科学与技术的进化之路前行的。

（2）课程理念引领和推动着信息技术课程。历史上，曾经有三个重要的课程理念影响我国信息技术课程的发展，其中计算机文化论的核心思想是将阅读和编写计算机程序看成同阅读和写作能力同等重要的能力，这种理念主导了我国早期的计算机课程的开发与实施，在课程目标中充分体现了对“逻辑思维”能力培养的重视，课程内容以程序设计语言为主，在课程教学过程中则学习的是当时流行的 BASIC 语言。计算机工具论的核心思想是将计算机作为一种工具，也就是以计算机的应用为主，这种理念对我国 20 世纪八九十年代的计算机课程产生了重要影响，让这个时期的计算机课程目标定位在了作为工具的计算机的应用能力方面，课程内容则是关于计算机的基本知识与基本操作及常用软件的学习。信息素养论

无论从内涵还是外延上都与之前的计算机文化论和计算机工具论有着巨大的区别，它的核心思想是将信息素养看作信息社会整体素养的一部分，通过信息技术的运用解决与信息相关的各种问题并形成相应的信息能力。在它的主导下，我国的计算机课程转变为信息技术课程，课程目标定位于提升学生的信息素养，课程内容是以计算机技术为代表的信息技术的学习。

（3）通过对1982年以来已颁布的与信息技术课程有关的政策分析发现，我国信息技术课程正是在课程政策支持下，交织着国家的顶层设计与地方的实践探索。国家的顶层设计表现为出台了一系列与信息技术课程相关的文件，地方的实践探索则表现为地方政府、学校和教师对课程政策的调适和实践。

二、现状显示信息技术课程已不能满足“数字土著”的诉求

知识、社会和人才是信息技术课程的重要影响因素，也是探索我国信息技术课程发展的路向源泉。通过对信息技术课程的专家、教师、学生及教研员的调查研究发现，与十多年前刚进入课改实验时相比，当下信息技术课程的内外环境均已经变化，面临着来自社会、学生和课程自身发展的挑战，信息技术课程进入了改革的深水区，也遇到了变革的机遇和转折点。

首先，信息技术课程面临的就是来自学生的挑战，学生已经成为“数字土著”一代，他们在生活和学习中大量地使用数字化的资源和技术，并形成了数字化的生活方式、学习方式和思维方式。其次，社会已经发展到信息时代，它让学生的社会交往和社会互动呈现出信息化的特征，也为学生营造了一个无所不在的数字化学习环境。最后，信息技术课程虽然取得了阶段性的成果，但是在目标上、内容上和评价方式上都存在一定问题，主要表现为“提升信息素养”不适应学生发展的需要，课程内容的设置不符合学生的现实情况，以及学业水平的认定方式不能真实反映学生的学习历程。面对信息技术课程与其内外环境变化的鲜明的对比和冲突，“数字土著”一代的学生对信息技术课程有了更多的期待和诉求，这些诉求包括课程内容、价值需求、学习方式、学习环境等几个方面。总之，信息技术课程已经不能满足信息化社会学生发展的需要了。

三、信息技术课程发展的路向是“计算思维”为核心的信息技术课程改革

我国信息技术课程发展的路向是本书的核心问题。“条条大路通罗马”，不同的研究者和研究站位都会对我国信息技术课程发展的路向提出自己的见解和主张，“路向”是走向课程变革的必经之路，变革的最直接体现就是以课程目标和课程内容为代表的课程诸要素的变化。因此，本书从课程要素的视角来探索我国

信息技术课程发展的路向。

（1）既然在考察课程历史时，发现了课程理念对课程发展的推动作用，那么我国信息技术课程发展的第一个“向”就是更新信息技术课程理念。“立德树人”承载着我国新时期国家层面的育人理念，应该作为信息技术课程的根本任务。“核心素养”则是落实立德树人任务的重要举措。中国学生发展核心素养综合表现为九大素养，具体为社会责任、国家认同、国际理解、人文底蕴、科学精神、审美情趣、身心健康、学会学习、实践创新。九大核心素养明确回答了“树什么样的人”的问题，鉴于核心素养的统领作用，它应该成为引领信息技术课程改革的核心理念与育人标准。

（2）课程目标描述的是学习达到的预期效果，优化课程目标是我国信息技术课程发展的第二个“向”。研究结果显示，信息素养作为课程目标已经不能满足学生发展的需要，而数字素养是一个综合性、动态的、开放的概念，是信息素养在数字时代的升华与拓展，也是数字时代必备的生存技能，它关乎全民基本生活能力，具有整合性及跨学科特点。数字素养就像读、写、算一样，是信息化社会的一个重要技能，它是学习信息技术课程后所必须掌握的基本技能，具备数字素养的人能够自信、安全并有效地应用信息技术，并能通过信息技术来表达自己。面对信息素养的局限，数字素养应该作为信息素养概念的延伸，进而成为信息技术课程的通识目标。此外，信息时代，信息技术正在不断地走向成熟，未来的信息技术产业需要的是技术的创新，因此，信息技术课程目标重视培养信息技术的创造者。从学生发展的角度来看，可以把数字素养看作信息技术课程的通识目标，把技术创新看作信息技术课程的高阶目标，而且技术创新能力的培养需要以数字素养的养成为基础。

（3）为了呼应“核心素养”的育人标准，应当着力构建信息技术学科的核心素养，这就是我国信息技术课程发展的第三个“向”。信息技术学科核心素养应是最具学科本质的东西，不应该随着时代和国界的不同而不同；信息技术学科核心素养应是最能体现信息技术学科内在价值的关键素养，是学科固有的，不应该是通过其他学科的学习能够替代的；信息技术学科核心素养应是学生学习信息技术课程过程中所需要的最有用的知识、最关键的能力、最需要满足终身发展所必备的观念。因此，信息技术学科核心素养应该由计算思维、数字化学习和信息意识构成，其中计算思维体现信息技术学科的学科本质，数字化学习是信息技术学科的学习方式，信息意识体现信息技术学科的育人价值。计算思维是指在运用计算机科学的概念方法形成解决问题方案的过程中所包含的一系列思维活动。具备计算思维的学生在信息活动中能够采用计算机可以处理的方式界定问题、抽象问题特征、建立结构模型、合理组织数据；通过判断、分析与综合各种信息资源，运用算法设计解决问题的方案；总结利用计算机解决问题的过程与方法，并将其迁移到与其相关的其他问题解决之中。对于信息技术学科来说，学生在进行数字化学习时，能够认识到数字化学习环境中数字化学习资源与工具的优势与局限，掌握数字化学习资源和工具的使用方法，并运用其进行自主学习、合作学习、交流互动和探索实践，最终养成数字化学习的习惯。信息意识则是信息主体在进行信息活动中所产生的感受和基于信息现象所产生的信息化生活方式与社会交往的主观能动性。当信息主体具有强烈的信息意识时，就会表现出信息主体对信息活动和信息现象的敏感度、对信息价值的判断能力、信息化生活和交往的能力。

（4）课程内容是课程的核心要素，因此，调整信息技术课程内容就是我国信息技术课程发展的第四个“向”。确定信息技术课程的上游学科成为课程内容调整的首要任务，本书通过追溯计算机科学技术学科的源起与内容，以及分析我国信息技术课程内容的变化和不变的内容，总结出计算机科学技术学科应该是我国信息技术课程的上游学科。当前国际信息技术课程发展的趋势也表明，计算机科学技术已经成为新时期国内外信息技术课程的核心内容。此外，面对学生对信息技术课程发展的诉求，我国信息技术课程应该在继承计算机科学技术的经典知识基础上，适当引入新技术、新工具，并形成严谨的信息技术课程知识体系。

四、信息技术课程变革需要系统化课程政策为导向的一系列策略支持

策略是将“路向”落地，并变为现实的保障，是理论转化为实践的中介。课程政策直接影响着课程发展的方向、速度和效率。任何一次课程改革都是课程政策的产物，因此课程发展的第一个策略就是系统化的课程政策的制定。系统化的课程政策有三大要素：一是课程政策目标，二是以课程标准（或大纲）为代表的课程载体，三是课程政策的执行者。因此，信息技术课程政策的系统化体现在三个方面：一是将知识、社会与人才发展需要的统一作为政策制定的基本价值；二是修订课程标准，使“路向”转化为具有约束力的课程政策，而在修订课程标准时，既要注重优化信息技术课程专家的话语权，也要有企业的精英人士参与；三是教师专业发展一体化建设，打通理想与现实之间的通道，一体化建设体现在职前培养和职后培训两方面，在职前培养方面需要整合大学信息技术相关专业，探索信息技术学科建设新模式，从而提供多种平台，支持信息技术教师专业化持续发展。

科学化的课程开发是我国信息技术发展的第二个支持策略，课程开发是一个科学、完整的过程，信息技术课程开发的过程中需要注意以下几个方面：一是将强势文化的影响降低，以民族性为出发点；二是课程的一体化规划与设计；三是课程的评价方式面向学生未来的专业选择；四是教师、学生参与课程决策，在课程决策过程中，要发挥教师与学生在信息技术教材开发中的主体作用，也要在确

定信息技术课程的选修内容时切实做到教师与学生主导。

数字化学习环境的建设是信息技术课程实施的重要保障，因此，营造数字化的学习环境是我国信息技术课程发展的第三个支持策略。数字化学习环境既要满足教师教的要求，也要满足学生学的诉求，因此，需要有以下三项举措：第一，持续建设教育信息化基础设施，构建数字化学习的“硬”环境，在数字化学习“硬”环境建设过程中要以降低区域间的差异，缩小数字鸿沟为目标，在学校层面则要面向学生需求，开放网络，建设数字化校园；第二，提供数字化学习资源，助力数字化学习的“软”环境，本书中的“资源”是广义上的，包括了学习资源、工具、支架和情境；第三，建立数字化人际关系，体现信息技术课程的人文关怀，其中人际关系包括数字化师生关系和数字化生生关系，无论是师生关系还是生生关系，在数字化环境下，都是一个学习共同体。

第二节　研 究 展 望

一、拓宽信息技术课程发展研究的视野与范围

本书将研究范围限定在我国信息技术课程发展的问题上，正是在此研究空间下，研究对象就显得非常复杂，研究主题也还是非常庞大，其中部分内容难以“止渴”，离从根本上解决本书的几个基本问题尚有差距。必须要检讨的是：第一，现状调查部分，问卷调查仅在辽宁省开展，虽然辽宁省具有一定的地域优势和教育优势，但是从抽样的角度来看，其代表性欠佳；第二，发展路向部分，信息技术学科核心素养中的信息意识、计算思维及数字化学习都依据相关理论进行了分级探讨，但是主观性较强，缺少对相关等级的客观性评价与筛选。

二、深入研究信息技术课程的要素与影响因素

（1）课程基本理论为我国信息技术课程发展的研究奠定了坚实的基础，也有很多新的研究视角，同时，国外的信息技术课程新发展也加深了我们对信息技术课程的深入认识，还会给我们的研究带来重要启示。总之，信息技术课程的研究具有扎实的理论基础和丰富的国内外实践经验，需要研究者在以后的研究中不断探索和创新。

（2）通过对现状的调查和历史的梳理，是否还有本书没有探索到的某一“路向”？如果有，应该是什么？后续的研究中还要进一步深化对我国信息技术课程发展的路向的认识。

（3）由于研究时间和研究者自身的限制，对具体 “路向”研究还是在“形而

上”的层面，路向的具体化和细化需要后续的研究与探索，如课程内容的知识体系的生成与构建问题、信息技术学科核心素养的分级与评价问题。

此外，周以真在 2016 年 3 月，即她在 ACM 正式倡导计算思维十年后，对世界范围内的计算思维教学进行了整体评价。她认为，在过去的十年中，世界范围的中小学计算思维教育取得了令人欣喜的进展：以英国 2014 年 9 月推动计算（Computing）国家课程为开端，BBC、Microsoft 及 MSR 实验室等其他公司机构都给予了极大支持。以色列、澳大利亚、韩国、新加坡等国都做出了极大努力，中国也马上开始推进。但是，计算思维教育也存在后续需要进一步明确的问题。例如，计算机科学概念应该何时教、如何教？我们需要理解的课堂中的计算技术如何能最好地得以使用？这些问题也需要未来进一步地研究与探索。

附录 A　国外支持性文献清单

英国

1. Royal Society. Shut down or restart? The way forward for computing in UK schools, 2012.

2. CAS. Computer science: A curriculum for schools, 2012.

3. Naace, ITTE, and the Computing at School Working Group. ICT and computer science in UK schools, 2012.

4. CAS. Draft ICT programme of study, 2012.

5. Department for Education. The National curriculum in England—Framework document for consultation, 2013.

6. Department for Education. Reform of national curriculum in England, 2013.

7. Department for Education. Computing: Programmes of study for key stage 1-4, 2013.

日本

1. 文部科学省. 学校における教育の情報化の実態等に関する調査, 2012.

2. 文部科学省. 教育の情報化ビジョン, 2011.

3. 文部科学省. 高等学校学習指導要領解説情報編, 2010.

4. 文部科学省. 新たな情報通信技教術育戦分略野の工取程組表工教程育表分野の取組(抜粋), 2010.

5. 文部科学省. 高等学校普通教科「情報」改訂のポイント, 2009.

6. 文部科学省. 高等学校学習指導要領解説総則編, 2009.

7. IT 戦略本部. i-Japan 戦略 2015～国民主役の「デジタル安心・活力社会」の実現を目指して～, 2009.

8. 財団法人コンピュータ教育開発センター. 「情報大航海時代」における制度的課題に関する高等学校等における情報教育の実態調査実施報告書, 2009.

9. 文部科学省. 高等学校学習指導要領案, 2008.

10. 文部科学省. 普通教科「情報」の現状と課題、改善の方向性(検討素案), 2002.

11. 情報ネットワーク教育活用研究協議会. 情報活用能力育成 モデルカリキュラム(小項目・学習項目例)，2002.

12. 松原伸一. 情報学教育の K-12 カリキュラム開発に向けて. 情報学教育研究, 2012.

13. 永井克昇. これからの教育の情報化.情報学教育研究, 2012.

14. 天良和男. コンピュータを使わない「情報の科学的な理解」の指導.情報学教育研究, 2012.

15. 萩谷昌己, 松原伸一. 対談ー情報学教育の中長期的な展望. 情報学教育研究, 2012.

16. 澤田一彦. 情報技術を活用する情報学教育.情報学教育研究, 2012.

17. 松原伸一. 情報学教育と情報化教育. 情報学教育研究, 2011.

18. 松原伸一. デジタル時代の情報学教育論. 情報学教育研究, 2011.

19. 音野吉俊. 教科「情報」のこれまでとこれから. 情報学教育研究, 2011.

印度

1. NCERT. National curriculum framework 2000, 2013.

2. NCERT. National curriculum framework 2005, 2013.

3. NCERT-National Center for Computer-based Education. Information technology in schools curriculum guide and syllabus, 2013.

4. NCERT-Department of Computer Education and Technological Aids. Computer and communication technology（CCT）（class 11-12）（syllabus for higher secondary stage）, 2013.

5. NCERT. Computers and communication technology part I, 2013.

6. NCERT. Computers and communication technology part II, 2013.

7. Sri Sri Ravishankar Vidya Mandir（SSRVM）. Computer science curriculum for schools—model curriculum and teaching material for K-12 Indian schools release , 2007 .

8. IITB. Model computer science curriculum for schools 2010, 2010.

9. IITB. Computer Masti Book I, 2013.

10. ICSE. ICSE Board Computer Science Syllabus for Class 11-12, 2013.

11. ICSE. ICSE Board Computer Science Syllabus for Class 9-10, 2013.

12. ICSE. ICSE Syllabus Computer Applications 2013 for Class 9-10, 2013.

13. SCERT. Kerala curriculum framework 2007, 2013.

14. IT@School. At a glance—what we do, 2013.

附录B　国内支持性文献清单

1. 柳斌同志在第四次全国中小学计算机教育工作会议闭幕式上的总结报告：积极稳步地发展中小学计算机教育, 1991.

2. 教育部基础教育司.关于加强中小学计算机教育的几点意见, 1992.

3. 教育部基础教育司. 《中小学计算机课程指导纲要》《中小学教育工作者“计算机培训”指导纲要》的通知（教基司〔1994〕51号）, 1994.

4. 国家教委办公厅. 中小学计算机教育五年发展纲要（1996—2000年）,1996.

5. 国家教委办公厅. 中小学计算机课程指导纲要（修订稿）, 1997.

6. 教育部. 关于加快中小学信息技术课程建设的指导意见（草案）, 1999.

7. 教育部. 教育部关于在中小学普及信息技术教育的通知（教基〔2000〕33号）, 2000.

8. 教育部. 中小学信息技术课程指导纲要（试行）. 2000.

9. 教育部. 普通高中技术课程标准（实验）, 2003.

10. 教育部. 教育部关于印发义务教育语文等学科课程标准（2011年版）的通知（教基二〔2011〕9号）, 2011.

附录C　专家访谈提纲

尊敬的________教授/老师：

您好！

我研究的问题是：我国信息技术课程发展的历史；我国信息技术课程发展的现状；我国信息技术课程发展的路向；我国信息技术课程发展的策略。

为此，我想了解您对信息技术课程的看法，准备了几个问题，请您分别对这些问题谈谈自己的看法和意见。

此致

敬礼

张晓卉

2013 年 3 月 30 日

问　　题

1. 您对于信息技术课程经历的发展阶段有怎样的看法？

2. 您认为影响信息技术课程发展的主要因素是什么？

3. 20 世纪 80 年代的计算机课程仅在中学开设，您是怎么考虑的？当时的学校及社会环境是怎样的？

4. 1991 年《中小学计算机课程指导纲要》出台后，您对小学阶段开设计算机课是怎么考虑的？

5. 对于信息技术课程的现状，您有什么看法？未来有怎样的预期？

6. 您对正在实施的信息技术课程标准有什么看法？如果修订课程标准您有什么建议？

7. 您是怎样考虑信息技术课程的定位问题的？

8. 您认为信息技术课程的学科知识结构是怎样的？

附录D　教研员访谈提纲

尊敬的________老师：

您好！

我研究的问题是：我国信息技术课程发展的历史；我国信息技术课程发展的现状；我国信息技术课程发展的路向；我国信息技术课程发展的策略。

为此，我想了解您对信息技术课程的看法，准备了几个问题，请您分别对这些问题谈谈自己的看法和意见。

此致

敬礼

张晓卉

2013 年 3 月 30 日

问　　题

1. 您对信息技术课程经历的发展阶段有怎样的看法？
2. 您认为影响信息技术课程发展的主要因素是什么？
3. 20 世纪八九十年代的计算机课程对教师及学生有什么要求？
4. 根据您多年的教研经历，您怎样看待从计算机课程到信息技术课程所发生的变化？
5. 您怎样看待信息技术课程发展过程中不同时期的学生？您对目前学生及他们的学习状态有怎样的看法？
6. 您对信息技术课的教学评价方式和教材有怎样的看法？
7. 您是怎样考虑信息技术课程的定位问题的？
8. 您怎么看待信息技术课程现存的不足和问题？对未来的信息技术课程有怎样的预期？
9. 您对正在实施的信息技术课程标准有什么看法？如果修订课程标准您有什么建议？

附录E　学生问卷

“我国信息技术课程发展路向”调查问卷
（学生卷）

亲爱的同学：

你好！为了了解信息技术课程实施现状，特展开此调查。调查采取“不记名”原则，你的观点仅供研究之用，我对你的意见和观点绝对保密，所以请放心真实作答。请仔细阅读填写说明及题目，根据你的实际情况填写。非常感谢你的合作！谢谢！

请根据您的真实情况回答下面的问题。（在选项上打“√”）

性别________年龄________学校________

1. 以下的信息技术产品你有哪个？（可多选）

A. 笔记本电脑　B. 平板电脑　C. 智能手机　D. 台式电脑

E. 没有

2. 除了信息技术课，你每天接触这些信息技术产品的情况：（可多选）

A. 学习任务重，没时间使用这些设备

B. 课间休息时，用手机上网

C. 家里有这些东西，但父母不让用

D. 我从来不用这些东西

3. 你经常用这些信息技术产品做什么？（可多选）

A. 看视频　B. 打游戏　C. 跟朋友沟通　D. 发邮件

E. 完成作业　F. 浏览网页

4. 你是否关心信息技术产品的更新换代？

A. 非常关心　B. 关心　C. 一般　D. 不关心

E. 非常不关心

5. 你平常会关注哪类信息技术产品的进展情况？（可多选）

A. 电脑　B. 手机　C. 网络　D. 数码相机

E. 机器人　F. 其他

6. 以下哪个产品是你每天必须随身携带的？

A. 电脑　B. 手机　C. 数码相机

7. 你有以下哪些东西？（可多选）

A. 博客　B. QQ 空间　C. 微信　D. 微博

E. 网上购物账号　F. 某视频网站的账号　G. 网游账号

8. 你通过什么方式与家人或朋友联系？（可多选）

A. 打电话　B. 发短信　C. 发微信　D. 发 QQ

E. 电子邮件　F. 其他

9. 你在哪个阶段学习过信息技术课？（可多选）

A. 小学　B. 初中　C. 高中

10. 刚上高中时，你的信息技术水平如何？

A. 非常好　B. 较好　C. 一般　D. 不好

E. 很差

11. 你喜欢上信息技术课吗？

A. 非常喜欢　B. 喜欢　C. 一般　D. 不喜欢

E. 非常不喜欢

12. 你上高中后学习了信息技术课的哪个模块？（可多选）

A. 信息技术基础　B. 算法与程序设计　C. 多媒体技术应用

D. 网络技术应用　E. 数据管理技术　F. 人工智能初步

13. 你认为信息技术课的课时够用吗？

A. 完全够用　B. 够用　C. 不确定　D. 不够用

E. 完全不够用

14. 你认为信息技术课的内容是否容易掌握？

A. 很容易掌握　B. 基本掌握　C. 不确定　D. 不能掌握

E. 完全不能掌握

15. 你在学习信息技术课时，感觉有多少在上高中前就学过？

A. 20%以下　B. 20%～50%　C. 50%～70%　D. 70%～90%

E. 都学过

16. 老师通过什么方式让你们完成学习任务？

A. 边讲边练　B. 自主探究　C. 老师演示、学生完成作品

D. 基本是老师在讲授

17. 你上课时会带信息技术教材吗？

A. 一直带着　B. 偶尔带　C. 从来不带

18. 老师上课时用信息技术教材的情况：

A. 老师上课会依照教材讲课

B. 老师讲课的内容跟教材的不一样，完全不用教材

C. 老师用教材，但增加了很多内容

D. 老师用教材，但是删掉了很多内容

E. 我没看过教材，不知道老师怎么处理教材的

19. 你在学完信息技术课后掌握了哪些知识？（可多选）

A. 获取与评价信息　　B. 应用与管理信息

C. 应用信息技术工具　　D. 创作多媒体作品

E. 编写与运行程序　　F. 操作与控制机器人

20. 信息技术老师通常采用哪种评价方法？（可多选）

A. 上机操作，完成任务

B. 进行纸笔测验

C. 通过观察学生课堂中的表现给予及时评价

D. 课堂提问

E. 其他

21. 信息技术课上学习到的技能或知识，在平时的学习、生活中你能主动使用吗？

A. 有意识地要求自己使用　　B. 无意识中经常使用

C. 有时候会想起来使用　　D. 从没想到要使用

22. 利用网络，我能很快地找到我需要的学习资源：

A. 非常符合　　B. 比较符合　　C. 符合　　D. 比较不符合

E. 非常不符合

23. 当你在学习或生活中遇到问题时，你会如何解决？

A. 向他人请教　　B. 上网搜索解决办法

24. 利用网络上的学习资源和工具，你可以：（可多选）

A. 自主学习　　B. 协同工作　　C. 知识分享　　D. 创新创造

E. 其他

25. 你认为信息技术课应该是什么样的？

____

____

____

____

____

附录F　教师问卷

“我国信息技术课程发展路向”调查问卷
（教师卷）

亲爱的老师：

您好！为了了解信息技术课程实施现状，探讨我国信息技术课程发展路向，特展开此调查。调查采取“不记名”原则，您的观点仅供研究之用，我对您的意见和观点绝对保密，所以请放心真实作答。请仔细阅读填写说明及题目，根据您的实际情况填写。您的意见和建议对未来信息技术课程的发展意义重大，非常感谢您的合作！谢谢！

一、请填写（或选择）您的基本信息。（在选项上打“√”）

您的性别：　A. 男　B. 女

您的年龄：　A. 20～30岁　B. 31～40岁　C. 41～55岁　D. 55岁以上

您的教龄：　A. 5年以下　B. 6～10年　C. 11～15年　D. 16～20年　E. 21年以上

您的学历：　A. 研究生　B. 本科　C. 大专　D. 中专　E. 其他

您的专业：　A. 信息技术　B. 计算机　C. 教育技术　D. 其他

您的职称：　A. 中学高级　B. 中学一级　C. 中学二级

学校名称：____________________

二、请根据您的真实情况回答下面的问题。（在选项上打“√”）

1. 您校信息技术课程在哪个年级开设？

A. 高一　B. 高一和高二　C. 不开课

2. 您的周课时量：

A. 八节以内　B. 八到十二节　C. 十二节以上

3. 您任教学校的领导对高中信息技术课的态度：

A. 非常重视　B. 可有可无　C. 有必要开设

4. 您任教学校的学生对高中信息技术课的态度：

A. 非常重视　B. 可有可无　C. 没有必要开设

5. 您认为信息技术课是否应该纳入高考？

A. 不应该纳入　B. 应该纳入　C. 无所谓

6. 您认为高中信息技术会考能否有效促进信息技术课程目标的达成？

A. 能　B. 不能

7. 您如何确定的信息技术选修模块？

A. 根据自己对某一模块知识的熟悉程度

B. 学校规定的选修模块

C. 市（县区）统一规定的选修模块

8. 您通常在什么情况下会使用高中信息技术课标？

A. 通常不使用　B. 备课时　C. 教学中遇到问题时

D. 高中会考时　E. 其他

9. 您的信息技术教材使用情况：

A. 通常不使用　B. 备课时　C. 教学中遇到问题时　D. 高中会考时

E. 其他

10. 您校所选用的高中信息技术教材的内容与课标要求的一致性：

A. 没有对比过　B. 没有达到课标要求

C. 与课标要求一致　D. 超出课标范围

11. 您认为当前信息技术课程是否能满足高中毕业生就业的需要？

A. 是　B. 否

12. 您认为当前信息技术课程是否能满足大学生进一步学习的需要？

A. 是　B. 否

13. 您认为当前信息技术课程是否为大学相关专业的学习提供了知识储备？

A. 是　B. 否

14. 据您所知，信息技术课程内容是否与高中其他学科知识有重复之处？

A. 有　B. 没有　C. 不知道

15. 如果有内容重复之处，您是如何处理的？

A. 无所谓，该怎么教还怎么教

B. 跟其他学科老师沟通，配合着讲

C. 重复的地方，略去不讲

D. 其他

16. 您校在开设高中信息技术课程过程中遇到的主要困难有：（可多选）

A. 信息技术环境问题　B. 师资问题

C. 教学内容偏多而课时相对偏少　D. 课标的约束力不够

E. 学生学习的积极性、主动性　　F. 家长及外界的阻力

G. 现行教育评价机制的制约　　H. 其他

17. 您认为学生学习信息技术课程的动机是：

A. 对课程有兴趣　　B. 迫于学分制的压力

C. 能解决问题　　D. 其他

18. 您评价学生的主要依据是：

A. 考试成绩　　B. 课堂表现　　C. 作业情况　　D. 兴趣、态度等

19. 您认为信息技术课程需要做哪些改进？

____